# 8岁开始会理财

## 走向财务自由,从这本书开始!

[美]迪林·雷德林 著
[美]艾莉森·汤姆
舍其 译

中信出版集团 | 北京

图书在版编目（CIP）数据

8岁开始会理财 /（美）迪林·雷德林，（美）艾莉森·汤姆著；舍其译. -- 北京：中信出版社，2023.3
书名原文：Investing for Kids: How to Save, Invest and Grow Money
ISBN 978-7-5217-4858-1

Ⅰ.①8… Ⅱ.①迪…②艾…③舍… Ⅲ.①私人投资 – 少儿读物 Ⅳ.① F830.59-49

中国版本图书馆 CIP 数据核字 (2022) 第 210966 号

Investing for Kids: How to Save, Invest and Grow Money
Text © 2020 Dylin Redling and Allison Tom
Illustrations © 2020 Verónica Grech
Copyright © 2020 Callisto Media, Inc.
First Published in English by Rockridge Press, an imprint of Callisto Media, Inc.
Simplified Chinese translation copyright © 2023 by CITIC Press Corporation
ALL RIGHTS RESERVED

本书仅限中国大陆地区发行销售

## 8岁开始会理财

| | |
|---|---|
| 著 者： | [美]迪林·雷德林　　[美]艾莉森·汤姆 |
| 绘 者： | [西]维罗妮卡·格雷奇 |
| 译 者： | 舍其 |
| 出版发行： | 中信出版集团股份有限公司 |
| | （北京市朝阳区东三环北路 27 号嘉铭中心　邮编 100020） |
| 承 印 者： | 雅迪云印（天津）科技有限公司 |
| 开　　本： | 880mm×1230mm　1/32 　　印　张：4.25　　字　数：130千字 |
| 版　　次： | 2023年3月第1版　　　　　　　印　次：2023年3月第1次印刷 |
| 京权图字： | 01-2022-4195 |
| 书　　号： | ISBN 978-7-5217-4858-1 |
| 定　　价： | 38.80元 |

出　　品：中信儿童书店
图书策划：如果童书
策划编辑：安虹
责任编辑：房阳
营　　销：中信童书营销中心
封面设计：李然
内文排版：杨兴艳

版权所有·侵权必究
如有印刷、装订问题，本公司负责调换。
服务热线：400-600-8099
投稿邮箱：author@citicpub.com

**献给我们的父母,我们了不起的家人和朋友,卢基和乐乐,以及 12 岁时的我们自己。**

　　那时我们对理财一无所知,但很愿意为此竭尽全力,也很享受理财的过程。特别献给艾莉森的祖母,是她给了艾莉森第一个小猪存钱罐,教她怎么存够人生第一笔钱,请全家人在冰激凌车上大吃一顿!

# 目录

如何使用这本书

### 第一章

金钱问答
**1**

### 第二章

把你的钱存起来
**17**

### 第三章

什么是投资
**33**

### 第四章

低风险，低回报
**53**

## 第五章

高风险，高回报
**67**

## 第六章

分散投资
**93**

## 第七章

钱生钱
**105**

词语表
**120**

# 如何使用这本书

如果你对跟钱有关的问题感兴趣,想知道怎么存钱、怎么投资、怎么把钱更好地利用起来,那么,这本书就是为你写的!

在这本书里,你会学到怎么挣钱、怎么存钱,以及怎么用你的钱来投资。我们会说到风险和回报,你也会发现为什么有些投资就是比别的投资挣得多。我们还会讨论股票和债券,告诉你怎么投资这些产品,以及怎么让这些产品帮助你积累财富。最后,你还能了解到怎么分散投资,让投资多元化,以及怎么让你的钱越来越多。

在学习这些内容的过程中,你会遇到"赚钱二人组":"理财先生"和"投资女士"。理财先生可以把自己的身体拉长,他的钱能支持多长时间,他的身体就能拉到多长。投资女士能"无中生有"地变出一大堆金银财宝,还能让金银财宝成倍增加。赚钱二人组会向我们解释一些概念,引导我们完成好玩的游戏和小测试,介绍一些著名投资者趣事、历史事实、幕后故事等。

**注意:** 如果你看到以红色出现的词,就能在这本书最后的词语表中查到它的定义,你可以翻到后面看看,了解更多内容。

我们小时候,没有人教我们怎么进行个人理财和投资。我们的学校没有开过像"金钱问答"这样的课程,所以我们关于金钱的知识要么是从父母那里学到的,要么就是自学的。我们长大以后,开始自己工作挣钱,我们工作的地点都是互联网公司,如易贝(eBay)公司、动动脑(Lumosity)脑力训练公司等。正由于我们通过理财存够了钱,所以40岁出头就可以退休了。(大部分人都没这个条件,甚至要到65岁才能退休。)现在我们经营着一家网站"45岁退休",希望能帮助别人也尽早退休。

我们想把自己学到的东西都分享给你。秘诀其实很简单,就是:越早开始投资,你能赚到的钱就越多!这是积累财富的所有工具和手段中最强有力的一种,第二章中对此会有详细的解释。而作为小孩子,你拥有一个大部分大人所不具备的优势,那就是时间!

了解金钱、学习投资不只会让你自己受益,对你身边的大人也会很有帮助。所以,跟他们一起快乐学习吧!不过也要记住,如果没有监护人的同意和监管,不要把你的钱投出去哟。*

我们殷切希望,阅读这本书只是你踏上这段令人兴奋不已的旅程的第一步,而在这段旅程中收获的一切,能让你受益终生。

迪林·雷德林、艾莉森·汤姆
"45岁退休"网站创始人

赚钱二人组:
理财先生和投资女士

---

\* 本书主要介绍与美国相关的情况,部分情形与国内情况有差异,小读者在阅读时可结合实际情况自行调整。——编者注

# 第一章

# 金钱问答

钱——我们都会花，但你有没有静下心来想过，钱是从哪里来的？我们的货币体系最开始又是怎么出现的？

在本章中，我们将对这些问题一探究竟。我们会讲到关于金钱和理财投资的基本知识，也会回答一些你们很多人可能都想问的问题，比如：

- 谁发明了钱？
- 钱是怎么造出来的？
- 我们这个货币体系是怎么来的？

我们不但会带你看到最早的硬币，也会带你看到比特币这样的虚拟货币。接下来我们会讨论几乎所有人都会津津乐道的话题：怎么赚钱！我们会谈谈你能做些什么工作挣点零花钱；会看看你可以通过什么途径成为企业家，开创自己的小小企业；会研究一下你长大以后可能从事的职业。最重要的是，我们会讨论怎么把你刚刚挣到的钱存起来。

# 钱不是从树上长出来的

我们都浪费过钱，买一些自己并不是多么想要或者需要的东西。它可能是没多贵的玩具，刚买回家就坏了；可能是游戏机，之前你发了疯似的想买，买回来之后却几乎没玩过；也许是特别好看的糖果，味道却糟糕得很。大人看到这些东西可能会说："你知不知道，钱可不是从树上长出来的！"这句话你听得耳朵都要起茧子了，可是，钱到底是从哪里来的呢？

要想完全弄清这个问题，我们需要上一节简短的历史课。几千年前，人们会用以物易物的方式来得到想要的东西，也就是说，他们会拿有价值的物品去换得另一件价值差不多的物品。例如，农民可能会用牲畜（比如山羊）去换他们需要的东西（比如工具、陶器等）。你应该能猜到，一段时间后，事实证明这个办法挺不好用的。（设想一下，比如你想用自己的漫画书换朋友的自行车，那你得把所有你最舍不得的漫画书都搭上，才能交换成功！）

很快，人们开始把一些物品当成"钱"来用。可以当成钱用的都是很常见、大部分人都很需要也经常会用到的东西，包括香料、盐和种子等。拿一袋种子去购买工具和补给品，多半比用一只山羊去买这些东西要容易得多。但是，把这类东西当成钱来用仍然不够理想，因为种子和香料会变质，有时携带也不方便——你可没法在钱包里装上5斤盐去逛街！于是人们开始考虑把一些贵重的东西当成钱来用，比如说贵重金属。

历史学家发现，早在公元前 5000 年左右，就已经有人把金属物品当钱用了。相传到了大约公元前 700 年，小亚细亚的吕底亚王国铸造了最早的硬币。（见第 6 页"财富回忆录：钱的历史"）

后来其他国家也开始铸造特定面值的硬币。有了这些硬币，换取商品和服务就容易多了。这种钱叫作代用货币，政府和银行可以把这种货币的价值跟特定数量的金银对应起来。

让我们快进到现在。大部分现代货币都不再是金银制造的，现在的这些钱，都称为法定货币。（"法定"这个词来自拉丁语，本来是"命令、法令"的意思。）政府规定了这些法定货币的特定面值。在美国，制造货币的事情由财政部负责，纸币由美国印钞局（BEP）印制（见"财富奥秘：美国印钞局"），硬币则由美国铸币局铸造。铸币局设在费城和丹佛的铸币厂甚至可以免费参观，在那里你不但能看到硬币是怎么铸造出来的，还能了解铸币局的历史。

 **财富奥秘：美国印钞局**

你有没有想过，美元纸币是怎么造出来的？

制造美元的程序 1862 年首次创立，到如今已经发生了很大的变化。刚开始时是一小群人用带手摇曲柄的机器在财政部大楼的地下室里印。今天，印纸币需要训练有素的工匠、专门的设备，将传统印刷工艺和现代技术相结合，才能完成。

制造纸币用的是一种特殊的混合材料纸浆，里面含有75%的棉和25%的亚麻，纸张上有水印，还有一根起防伪作用的细丝——安全线。设计者会先设计出整体的外观和布局，再用多种油墨（绿色的、黑色的、有金属光泽的、会变色的）来设计细节。印刷过程中还会用到一种特殊的印刷工艺——凹版印刷，在每一张钞票上面印上肖像、纹饰、数字和文字等。

上面这些工序完成以后，纸币上还会加上序列号、**美联储**（美国的中央银行）印章、财政部印章及美联储识别码。还要用电脑、相机和很复杂的软件把这些钞票彻底检查并评估一遍，再将它们用热缩膜包装起来运往美联储。

## 挣钱的方法

现在，既然你知道钱是怎么造出来的了，我们就来说说怎么开始挣钱吧。

你可能会想，我还是个孩子啊，我能做什么事情来赚钱呢？其实就算在你这样的年纪，也有各种各样挣钱的方法。你只需要脑子灵活、会想主意，并愿意把想到的主意付诸实施。

下面这些问题你可以拿来问问自己，帮助自己开始行动。

**1. 问问自己喜欢做什么。** 你喜欢动物？那你可以帮人遛狗，或者照顾别人家的宠物。你喜欢户外活动？你可以帮人剪草坪，或是干些院子里的杂活儿。你喜欢骑车？那你可以帮人跑腿，或是递送东西之类。

**2. 问问自己擅长做什么。** 你对艺术很在行？你可以帮人刷墙。你的厨艺很棒？你可以烤饼干去卖。你跟小宝宝总是相处得很好？你可以帮人看小孩。

请记住，一定要跟家里的大人确认一下你要干的这份活儿合不合适。健康和安全永远是第一位的。

等再长大一些，你还可以去应聘一些工作岗位，为某个雇主工作，从他那里领工资。因为工作做得好而得到报酬，会让你非常有成就感！实际上，长大成人的一个重要标志就是上班挣钱。（注意：根据美国劳工部的规定，年满14周岁就可以合法工作了，不过你得遵守本国的法律要求。）

我做的第一份工作就是16岁的时候给人做比萨并送货上门。我喜欢开车，也很喜欢比萨，所以这份工作对我来说简直完美！艾莉森的第一份工作是17岁的时候去清理用来做心肺复苏术训练的假人，这活儿不好干，但薪水很可观。

赚钱的另外一种方法是创业，成为企业家。你知道吗？就算没有任何雇员，你也可以创业。这种企业形式叫独资企业，也可以叫个体户。艾莉森和我就创立过好几个这样的小企业。

 ## 财富回忆录：钱的历史

**约公元前 7 世纪：**
吕底亚是最早铸造硬币的国家。

**12 世纪：**
中国宋朝开始使用纸币。

**1933 年：**
美国中断金本位制，美国货币不再能兑换黄金。

**1913 年：**
美国建立美联储。

**1950 年：**
大来俱乐部（又译"食客俱乐部"）银行卡成为世界上最早的信用卡。

**1958 年：**
"美国银行卡"成为最早由第三方银行发行的信用卡。

**2014 年：**
苹果支付（数字钱包服务），作为一种安全的手机支付手段推出。

**1661年：**
欧洲最早的纸币在瑞典发行。

**1792年：**
《铸币法》规定将美元面值与金银价格绑定。

**1816年：**
英国正式确认黄金作为货币本位的地位。

**1900年：**
美国通过《金本位法案》，并以此为契机，决定成立中央银行。

**1872年：**
美国西联公司推出的汇款服务是最早被广泛使用的。

**1862年：**
美国发行第一张纸币。

**1967年：**
最早的自动取款机（ATM）在英国伦敦首次亮相。

**1990年：**
美国的中央银行与商业银行之间的所有转账操作首次以电子形式进行。

**2009年：**
加密货币比特币由匿名人士发布。

**1997年：**
最早的移动交易，其交易对象是一瓶软饮料。

**1994年：**
最早的在线交易，是必胜客卖出的一张辣香肠蘑菇比萨。

第一章 金钱问答

# 混合搭配

赚钱二人组希望你能天马行空地畅想一下自己能怎么挣钱。请记住，要找到对自己来说最完美的工作，一个好方法是想想你喜欢做什么，以及你擅长做什么。

列两个清单，分别写下你喜欢做的事和你擅长做的事，然后把它们搭配起来，看看你的理想工作是什么。下面给出了一个例子：

| 我喜欢做的 | 我擅长做的 |
|---|---|
| 游泳 | 帮助别人 |
| 看漫画书 | 画画 |
| 玩桌游 | 数学 |

现在来看看这两个清单里的事项可以怎么搭配，比如：

游泳＋帮助别人＝游泳教练
看漫画书＋画画＝创作漫画
玩桌游＋数学＝设计与数学有关的桌游

你可以用这个办法来尽情畅想，自己现在可以做什么工作，以及再长大一些可以从事什么职业。

## 烦恼清单

那么，你要怎么确定自己应该开展什么业务呢？有个小窍门：列一张烦恼清单，即列出你觉得烦恼的小问题，再想想有什么产品或服务能够解决它们，比如：

- **问题**：撸猫总是会让你浑身都是毛。
  **解决方案**：发明一种不粘毛的撸猫手套。
- **问题**：超级英雄全都长得不像你。
  **解决方案**：创作一本以你自己为原型的超级英雄漫画书。
- **问题**：下国际象棋太费时间了。
  **解决方案**：为国际象棋设计一套相对简单的规则。

你也可以通过投资理财挣钱！我们会用这一整本书来告诉你应该怎么做。

如果你现在暂时还挣不到钱，不用担心，随着年龄增长，你最后肯定能找到挣钱的方法。而且，你现在知道得越多，未来赚钱的时候就会越有优势。

## 债务是什么

词典里面对"债务"的解释是："借款人所负的还债的义务，也指所欠的、需要偿还的债，通常是钱。"债务通常是因为从银行或其他类型的金融机构借贷而产生的。

## 创建你的烦恼清单

下面我们就找来纸笔，写下 10 件你觉得很烦恼的事情，然后在每件事情旁边给出一个你觉得可行的解决方案。

食物 _____

衣物 _____

汽车 _____

视频游戏 _____

自行车 _____

家庭作业 _____

餐馆 _____

就算你没想出来很完美的解决方案，也不用担心，这只是想锻炼一下你解决问题的能力而已。俗话说得好，熟能生巧嘛！

银行为什么会愿意把钱借给你呢？那是因为，他们可以借由这笔钱向你收取**利息**（也就是收你一笔钱）。假设玛丽想买一辆二手车，需要 5000 美元，银行则愿意以 10% 的年利率借给她这笔钱。到期偿还这笔债务的时候，玛丽需要额外给银行一笔钱，这笔额外的钱就是利息。所以，一年以后玛丽欠银行的钱除了那笔借款，还有 500 美元的利息（也就是 5000 美元的 10%），也就是说一年之后她一共要还给银行 5500 美元。玛丽越晚还这笔钱，需要付给银行的利息就越多。

债务听起来也许很糟糕，但债务有"良性债务"和"恶性债务"之分，二者还是有区别的。良性债务可以看作是未来会增值的**投资**，例如助学贷款、房屋抵押贷款、商业贷款等。恶性债务一般指以很高的利息借来的钱，而且是用在未来不会增值的事情上面，比如高利贷。

## 钱存在哪儿

假设你突然获得了 100 万美元现金。这么大一笔钱你打算放在家里的什么地方？床底下？衣柜里？鞋盒子里？——这个鞋盒子当然得相当大才行。你会担心你那好管闲事的姐姐发现这笔钱并据为己有吗？或者，你家的宠物狗会不会把它舔得满是口水？你还可以化整为零，把这笔钱分别藏在不同的地方，但过一段时间之后，你可能都不记得你的"藏宝地"了。

正因为如此，我们才有了银行，乃至银行业体系。银行为你富余的现金提供了安全的存放之处，甚至还会为这些钱付给你利息！（上一节我们讲了利息是怎么回事。）在本地银行，你可以把钱存到储蓄账户或支票账户里，也可以存成**定期存款**。定期存款的利率高一些，也就是说银行会付给你更多的利息，但你需要承诺让银行按约定的时间持有你的这笔钱。

你怎么知道钱在银行里安不安全呢？要是有抢银行的把钱都抢走了怎么办？万一失火了，整个银行都给烧得一干二净怎么办？别担心，即便遇到这类状况，你的钱仍然是安全的，因为美国联邦存款保险公司（FDIC）为存款提供了保障，保额最高为25万美元。这家保险公司成立于1933年，为银行业提供安全保障，也为金融体系带来了稳定。因此，如果你想让自己的钱万无一失，可以把这100万美元分别存到四家不同的银行，每家存25万美元。

银行会拿你的钱做什么呢？他们会把这些钱借给别的客户，而那些客户就可以用这些钱购买价格不菲的商品，比如房子和汽车。这些借出的钱就叫贷款，最终是需要连本带利还给银行的。银行要按规定保留10%的现金存款，这个规定就是存款准备金制度。银行可以把另外的90%都"贷"出去并收取利息。而相比付给存款的利息而言，银行在贷款上收的利息更高，所以可凭借这个差额赚钱。

这整个过程可以帮助经济体系更高效地运转。人们可以用信用卡付款,这样购买日常用品更加轻松。(信用卡可以让人们立刻拿走东西,日后再付款。)借贷人可以用从银行借到的钱进行大额消费,比如买房子,或是支付大学学费。很多人都需要申请房屋抵押贷款(贷款买房)或其他形式的借贷,才能支付这些大宗开支。

还有别的什么地方可以存钱吗?在美国,除了传统银行,你的钱还可以存在网络银行、**信用社**和**证券经纪公司**。

➔ **网络银行**提供的产品和服务跟传统银行一模一样,只不过这类银行没有实体网点。所有存取款操作和客户服务请求,都是在线完成的。

➔ **信用社**是为特定人群开设的银行,比如教师或军人。他们为客户提供更高效的服务,但实体网点比大部分银行都要少。

➔ **证券经纪公司**让你可以买卖金融产品,比如股票、债券、共同基金和交易所交易基金(ETF)等。

别急,所有这些令人兴奋的存钱选项,我们都会在第五章展开讨论。

如果你没有银行账户,可以问问你的父母,能不能带你去他们开户的银行给你开一个。

##  财富真人秀：黛比·菲尔茨

你喜欢吃巧克力碎曲奇吗？这位企业家可是喜欢得不得了！

1968年，只有12岁的黛比·菲尔茨跟随奥克兰运动家队，成了美国职业棒球大联盟最早的女球童。她用报酬购买原料来烤曲奇，甚至为裁判争取到了"牛奶和曲奇歇"的机会。

"我知道我喜欢做曲奇，而且我每次做，大家都会吃得很开心。这就是我的创业规划。"1977年，她的第一家"菲尔茨太太原味曲奇店"在加利福尼亚州的帕洛阿尔托开业了。开业第一天，没有人光顾，于是菲尔茨太太带着试吃品走到店外，吸引顾客进店购买，结果大获成功！那一天，她卖掉了价值75美元的曲奇，放在今天值300多美元。

菲尔茨太太的曲奇以新鲜出炉、酥软可口著称，她的秘诀是使用最货真价实的原料（黄油、香草和巧克力）来制作。菲尔茨太太原味食品公司的市值一度达到4.5亿美元。现在，尽管黛比·菲尔茨已不再参与经营，但这个旗下拥有650家零售店的品牌，仍然由她担任代言人。

## 要点回顾

本章介绍了关于金钱和银行的基本知识。下面这些要点需要你记住:

- ☑ 以物易物是最早的交易支付方式（见第 2 页）。
- ☑ 要想挣钱，最好的方法是把你喜欢做的事和你擅长做的事结合起来（见第 5 页）。
- ☑ 债务是欠下的、需要偿还的钱（见第 9 页）。
- ☑ 人们会把钱放在银行里，是因为这样可以保证钱的安全，还可以挣到额外的钱，也就是利息（见第 11 页）。

# 把你的钱存起来

帮邻居遛狗或是干家务活挣了些钱之后,你打算怎么处理这些钱?你会马上去买新的电子游戏吗?还是会留下一部分以后再用?花钱很容易,但存钱可能就难多了。

在这一章里,我们会讨论存钱有多重要,以及应该存多少。你会了解到,有一个很神奇的工具会让你的钱越来越多,它就是利息。我们也会告诉你,要让钱变多,跟大人相比,小孩子还有一个更强大的工具!

## 花掉还是存起来

你应该养成的一个重要的理财习惯就是，学会存钱。越早开始存钱，就越容易存下钱、让钱变得更多。大部分人想的都是为以后存钱，但为现在存钱同样重要。存钱的习惯可以帮助你为可能需要做或者想要做的事情预留出资金，比如说应对紧急情况，或是用来帮助他人。

很多人不知道该怎么存钱，其中一个重要原因就是他们没有存钱的规划。良好的储蓄规划可以帮助你理清楚要存多少钱，可以花多少钱，以及花在什么事情上。有一个储蓄规划你也许可以试试，它叫作"4-3-2-1"规划，就是把你的钱放到4个"篮子"里：

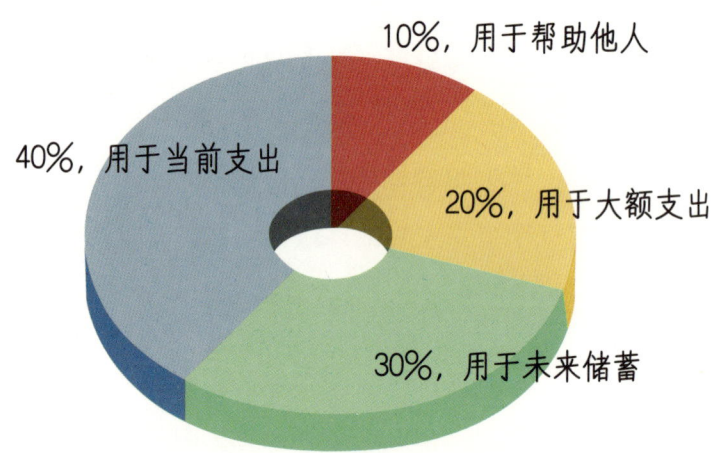

下面就来看看你都可以把哪些钱放进这4个篮子里吧。

→ **当前支出**：指的是你经常需要支出的数目较小的款项（比如不到50美元）。举例来说，就像零食、衣物、跟朋友们玩之类的。

➡ **未来储蓄**：是你为将来打算，需要存起来的钱。这些钱可以作为大学教育基金，也可以用来买你的第一辆汽车，或是用来投资。

➡ **大额支出**：是指你需要花些时间才能存够的比较大额的花销（比如超过 50 美元），像购买自行车、电子游戏或是用于夏季旅行等。

➡ **帮助他人**：是你可以捐给慈善机构、社区和需要帮助的人的钱，当然也可以用来助家人和朋友一臂之力。比如说，你可以从妹妹那里买一盒女童子军饼干；如果你最好的朋友正在为慈善活动募捐的话，你也可以捐出去。

现在再想想，你的积蓄放哪儿合适。第一章中我们讨论过，人们通常都会把钱放在什么地方：传统银行、网络银行、信用社和证券公司。选择这么多，你怎么知道应该放在哪儿呢？

存款类型主要有两种：短期存款和长期存款。

➡ **短期存款**：适用于你经常要花出去的钱。你可以把"当前支出"和"帮助他人"这两个篮子里的钱规划为短期存款。这些钱应当很容易支取，因为你经常需要用到。你可以把它们放在卧室中的存钱罐里（艾莉森小时候就是这么做的）、鞋盒子里或是小型保险箱里。

➡ **长期存款**：适用于你以后要花出去的钱，比如用于度假或是上大学的钱。你可以把"未来储蓄"和"大额支出"

这两个篮子里的钱规划为长期存款。这些钱你不会马上用到，所以可以存在储蓄账户里，或是存成定期；你也可以用来投资，比如买股票或是债券（后面我们会细说）。

**记住：**无论把钱存进哪种账户，你都需要有个大人帮你。

 **财富创造价值：回报社会**

能够向需要帮助的人施以援手，这种感觉很棒。要参与慈善事业，你可以奉献自己的时间和资源，也可以捐出钱款。这通常起于一些善意的小事，比如帮小弟弟系鞋带、晚饭时帮家人布置餐桌，等等。善意也可以从感激之情中生发，如果你对自己生命中拥有的一切都心怀感激，你也会更容易觉察到还有很多人没有你那么幸运。

那么，你能做些什么呢？你可以帮助别人。你可以献出自己的时间，到动物收容所做志愿者，或是为社区清洁工作出一份力。你可以把旧衣服、旧玩具捐到本地的慈善机构，甚至还可以把部分钱款捐给你信任的事业，例如保护濒危的野生动物、治疗癌症、消除饥饿等。（不过，首先要保证你的计划有大人批准哟。）

# 存钱得利息

说到存钱，有件特别带劲儿的事情就是，你什么都不用干就能看到钱的数目不断往上涨。这就是我们所谓**被动收入**的一个例子。你可能会想，钱又不是植物，怎么会自个儿就越长越大、越变越多？

钱自个儿就会越变越多的原因是，银行会为你所存的款项支付利息。实际上，银行付利息是想吸引你继续存钱。他们为什么要这么做？第一章曾说到，银行会把客户的存款借贷出去，而他们收取的贷款利息可比付给你的利息要高。

利息有两种计算方法：单利和复利。单利就已经非常厉害了，但复利更加神奇。两者之间的区别是，单利只按照存进去的数目（也就是**本金**）支付利息，而复利则是按照本金加上之前积累的利息一起支付利息。（下一节我们会详细说明。）

我们来看一个例子，了解一下单利是怎么计息的。假设你将 1000 美元存为定期存款，年利率 5%，也就是说每年你会从银行挣到 50 美元（1000×0.05）的利息。

下面是 5 年间你这笔钱的增长情况。

⇨ **本金**：1000 美元

⇨ **一年后**：1050 美元

⇨ **两年后**：1100 美元

⇨ **三年后**：1150 美元

- **四年后**：1200 美元
- **五年后**：1250 美元

5 年时间里，你会在这笔 1000 美元的存款上挣到额外的 250 美元，而你什么都不用做！也就是说，5 年里你的钱一共可增加 25%（250÷1000=0.25）。

上面的计算也说明了为什么存钱越早开始越好，这一点非常重要。你还记不记得前面说过，说起存钱，事实上小孩子手里的工具比大人的更强大？没错，这个工具就是时间！你能让自己的钱自动挣利息的年头，可要比大人多得多。

假设你现在 10 岁，而你的数学老师 30 岁了。如果现在你们都往储蓄账户里存了 1000 美元，银行每年给你们 5% 的固定利率，那么你们到 35 岁的时候，分别拥有的存款金额是：

- **老师**：1250 美元
- **你**：2250 美元

同样到了 35 岁，你拥有的钱会比老师多整整 1000 美元！而且你不用为此做任何事情。下面我们借助图表看一下是怎么回事：

这些数是怎么算出来的呢？这是有数学公式的，算一下就可以确定你能挣到的利息是多少。

$$利息 = P \times i \times n$$

其中：

$P$ = 本金（你一开始拥有的金额）

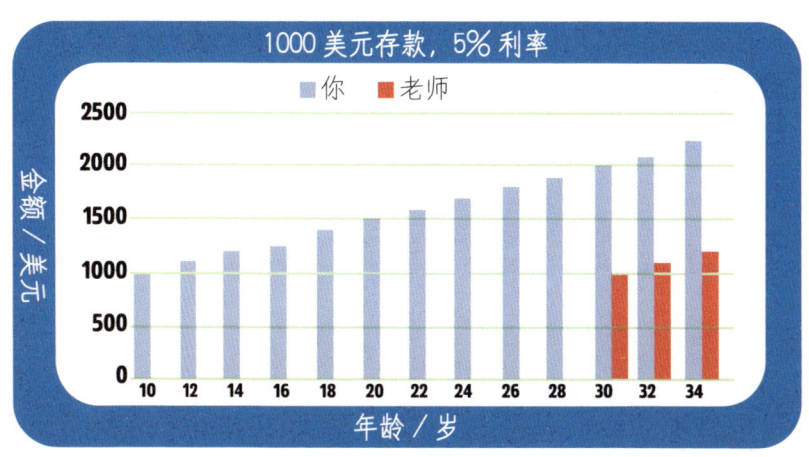

$i$ = 利率

$n$ = 期限（你存了多少年）

就前面你和老师的那个例子来说，你们能挣到的利息的金额是这么计算出来的。

老师的利息：$1000 × 0.05 × 5 = 250$（美元）

你的利息：$1000 × 0.05 × 25 = 1250$（美元）

太棒啦，对吧？复利更棒，下面很快就会讲到哟。

##  财富奥秘：美联储

这一章我们说了很多跟利息有关的事情，但利率是怎么设定的，对你又会造成什么影响呢？如果整个经济处于萧条期，美联储就会下调利率，而如果经济过热，美联储就会上调利率。下调利率是为了鼓励人们借钱，利率很低的时候，

会有更多人用抵押贷款买房，用汽车贷款买车，用信用卡买各种各样的商品。

但是，如果利率上升，就是把钱存起来的好时机了。利率越高，你通过储蓄获得的利息就越多。

##  财富真人秀：沃伦·巴菲特

沃伦·巴菲特算得上是世界上最富有、最著名的投资家之一了。截至2019年年底，他的净资产（他所拥有的一切财产的价值减去他欠别人的款项）有将近900亿美元！

尽管这么有钱，巴菲特却非常谦逊。他建议人们投资自己容易理解的"业务简单的公司"，建议投资指数基金，还说不要总是盯着市场。

还是个小孩子的时候，巴菲特就挨家挨户推销过口香糖、瓶装苏打水和杂志。高中时，他和朋友花25美元买了一台弹球游戏机，安置在一家理发店里。之后他们又增加了几台，一年后，他们以1200美元的价格将这门小生意转让了出去。

2009年，巴菲特与比尔·盖茨一起发起了"财富捐赠誓言"劝募善款活动。巴菲特承诺，会将自己99%的财富都捐给慈善事业。

# 当个利率小侦探

前面我们讨论了可以存钱挣利息的各类机构，比如说你们当地的传统银行或网络银行。有些机构给的利率会比别的机构高。

在下面的活动中，赚钱二人组要求你探索一番不同类型的账户能带来的利率。找大人一起完成这个任务吧，注意做笔记，便于以后参考。

➡ **当地银行的储蓄账户**：去两三家传统银行，问问他们为储蓄账户提供的利率是多少。

➡ **当地银行的定期存款**：同时询问他们一年期、三年期和五年期存款的利率分别是多少。

➡ **网络银行储蓄账户**：查一下网络银行储蓄账户，记下每家给出的利率，可以多查几家比较一下。

有了这些信息，就可以确定怎么存钱最适合你啦。

# 复利是什么

刚才我们展示了要让你的钱越来越多，单利是如何"大显身手"的。你什么都不用做，就能看到自己的银行账户有钱进账。说真的，就跟看着一棵树越长越高一样！

还有更厉害的呢，这就是复利，它能让你更上一层楼。亿万富翁沃伦·巴菲特是世界上最有名的投资家之一，关于复利，他说过这样一句话：

**我的财富来自下面这些因素的共同作用：……还有就是复利。**

那么，复利为什么比单利还好呢？前面我们曾提到，单利是按照本金（你存进去的金额）给你支付利息的。而复利是按照本金加上之前积累起来的利息一起支付利息的。复利的计算公式是这样的：

利息 $= P \times (1+i)^n - P$

其中：

$P =$ 本金

$i =$ 年利率

$n =$ 期限

如果觉得这个公式看起来很复杂，你也不用担心，网络上有很多在线计算器，随便找一个把数填进去就行了。

我们继续用前面你和数学老师各存1000美元的例子来算一下复利的利息。用复利来算，下面是你们到35岁时分别拥有的财产数目。

→ **老师：** 1276美元

→ **你：** 3386美元

同样是到35岁，你的财富会比老师多2110美元。而且，你仍然是什么都不用做！我们用图表来看一下：

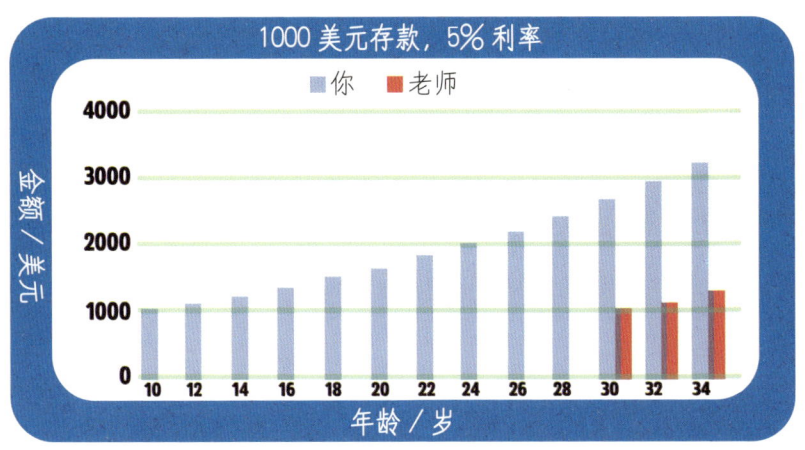

拿这张图跟23页单利的那张图比较一下，你能发现有什么不同吗？提示：看看两张图里的蓝条有什么区别。

如果仔细查看，你应该能发现复利这张图里的蓝条顶端形成了一条上扬的曲线，而单利图的蓝条顶端则是一条直线。这种区别意味着，你投资的时间越长，每年从复利中挣到的钱就越多。

再来看一个例子。如果你把第一章里获得的100万美元投资到按复利计息、年利率为8%的项目中，结果会怎样？

25年后，你的总财富就会达到6848475美元！你连小指头都不用动一下，总财富就能增加将近6倍，就好像你"雇用"了你的钱，所有的活儿它都干了。

那么，如果进行复利投资，你的财富多长时间才能翻倍呢？"72法则"告诉我们，要想知道财富翻倍需要多少年，用72除以利率就行了。假设说年利率是8%，那么9年（72÷8=9）后你的投资就会翻倍。

据说大科学家阿尔伯特·爱因斯坦（世界上最聪明的人之一）是这样评价复利的：

**复利就是世界第八大奇迹。理解复利的人能从中赢利，不理解复利的人则要付给别人这笔钱。**

# 做做算术

在比较你和老师各自能挣到多少利息的例子中（见22页和27页），用到的利率是5%。但是，如果提高利率会怎么样？（在68页我们会了解到，你可以从一个叫作"股票市场"的地方找到更高的利率。）

赚钱二人组希望你自己来算算，把1000美元按8%的利率存25年，你能挣到多少利息。分别用单利和复利来计算。提醒一下，这两个公式是这样的：

单利利息 = $P \times i \times n$

复利利息 = $P \times (1+i)^n - P$

其中：

$P$ = 本金

$i$ = 利率

$n$ = 期限

还有，别忘了，你可以用在线计算器帮助计算复利利息。

## 要点回顾

本章我们见识了存钱会带来哪些奇妙的结果。下面这些要点需要你记住：

- ☑ 你可以用"4-3-2-1"计划来存钱（见 18 页）。
- ☑ 有了利息，你什么都不用做，钱就会越来越多（见 21 页）。
- ☑ 时间是你最好的朋友（同样存 1000 美元，存到 35 岁，你的财富比老师多得多，这就是时间的魔力。见 22 页、27 页）。
- ☑ 爱因斯坦称复利是"世界第八大奇迹"（见 28 页）。

# 什么是投资

你已经了解了跟储蓄有关的一些事实，现在应该更进一步——谈谈投资吧。投资就是把钱放到你预计未来会增值的项目上。投资很重要，为什么呢？因为如果你只是把钱塞在床底下，你的钱可不会越变越多。投资让你可以利用类似复利的强大手段来增加财富。世界上最富有的人都是伟大的投资家，这是有原因的。

乍一看，你可能会觉得投资好像很高深。怎么开始呢？应该往什么项目里投资？会有很大风险吗？这些问题我们会逐一回答，这样你就能对投资的过程充满信心了。只要理解了基本原则，就不会觉得投资高深莫测了。与此同时，赚钱二人组还准备了一些有趣有料的实践活动，以帮助你理解和记住本章涉及的基本概念。

# 为什么要投资

能把钱存起来已经很好了，但把钱用来投资会好上加好！

相比银行支付的存款利息，投资会让你有机会挣到更多的钱。你可以投资各种各样的金融产品，比如股票、债券，或是这些产品的组合。你也可以投资实物资产，比如房地产、艺术品或收藏品（比如邮票）。

我们来看一个例子。现在，美国的网络储蓄账户通常每年能得到1.5%左右的利息，但如果你把钱投资到股票市场（见68页），年回报率平均会达到将近8%。如果你有1000美元，存到网络储蓄账户中能给你带来15美元的年收入。但如果你把这笔钱投到股票上，同样是一年的时间，则能带来80美元的收益。这中间可差了65美元呢！所以说投资更明智，而且投资也不限于有钱人。

为什么投资挣到的钱比存到储蓄账户里要多呢？归根结底，还是要落脚在"风险与回报"上。如果你购买了某家公司的股票，就等于你冒险参与了这家公司。如果公司运营得很好，股票就会升值。但如果公司经营不景气，股票就会贬值。不过好在你可以在投资前做些调研，让你的投资更有机会升值。

我们来看看在投资当中时间的价值。在这个例子里面，你和数学老师要拿一笔钱出来投资，每年能挣到8%的利息。不过，你开始投资的时间比老师要早得多。

下面我们来看看这三种情形：

1. 你从 15 岁开始，每年投资 1000 美元，连续投 10 年。

2. 你从 25 岁开始，每年投资 1000 美元，连续投 10 年。

3. 老师从 35 岁开始，每年投资 1000 美元，连续投 25 年。

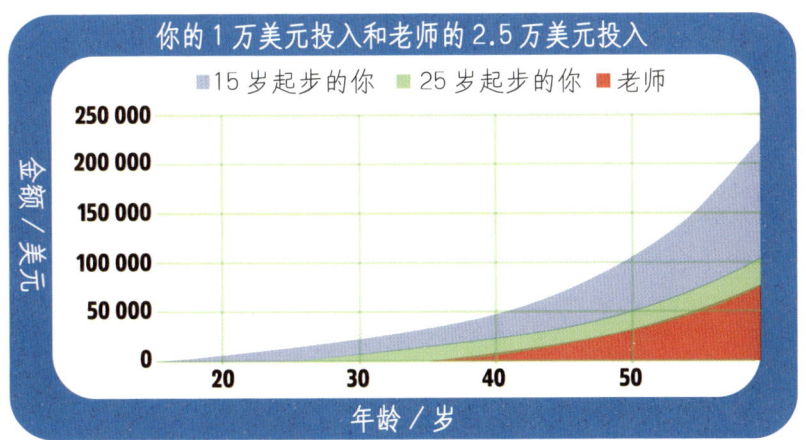

到你们 60 岁的时候，对应的结果如下：

1. 你的总投资额是 1 万美元，最后能到手的钱是 214189 美元！

2. 你的总投资额是 1 万美元，最后能到手的钱是 99211 美元。

3. 老师的总投资额是 2.5 万美元，最后能到手的钱是 73106 美元。

尽管你的总投资额比老师少 1.5 万美元，但同样是到 60 岁，你拿到手的钱比老师多得多。这个结果再次证明了投资中时间的价值，跟成年人相比，这是你得天独厚的优势。这个故事告诉我们，投资这事儿宜早不宜迟。

##  财富真人秀：C. J. 沃克女士

C. J. 沃克女士（1867—1919）是企业家、慈善家，也是社会活动家。你也许从来没听说过她，但她的故事非常了不起。

沃克女士是美国历史上第一个白手起家的女性百万富翁，甚至创造了吉尼斯世界纪录。她是非裔美国人，也是家里的长女。

沃克女士主要生产和销售面向黑人女性的化妆品及护发产品。她建起了工厂、美发沙龙、美容学校，还在她位于印第安纳州印第安纳波利斯的公司总部设立了研发实验室。

20世纪的头10年，沃克女士的公司雇用了数千名推销员，大部分是妇女。沃克女士不仅进行销售技巧培训，还在商业、预算等方面训练她们，让她们实现经济独立。她是真正的划时代的开拓者！

# 风险与回报

你怎么知道该投资什么呢？为什么有些投资就比别的投资好呢？这些问题，全都要用风险与回报的概念来解答。

举个例子吧：假设你们的足球教练决定采取最咄咄逼人的战术，把所有人（包括守门员）都派去参与进攻，那么

会出现什么情形？你们队也许能进好多球，但如果另一支队带球突破了你们的进攻，他们就能毫无障碍地冲向你们的球门。这就是高风险、高回报的例子。

过了一周，你们教练决定换个打法，让所有人都来防守，结果就会跟上一周刚好相反。你们可能很难打进一个球，但也可能会拦截住对手所有的进攻。这就是低风险、低回报的例子。

投资也是这么回事。如果你把钱投在风险较大的事情上，那么你挣到的钱可能会比其他投资多得多。但是相应地，跟其他投资比起来，这笔投资贬值的风险也更高。

拿股票市场来举例。（我们会在68页展开讨论。）股票市场的年回报率平均高达8%左右，这个**投资回报率**（ROI）相当高。也就是说投资股票能赚更多钱，但是也要记住，这只是平均数。有些年份，投资回报率会远远超过8%，但有的年份，回报率甚至可能变成负值。要想拥有获得更高回报的机会，你就得时不时承担一些损失。

当然，你也可以在贬值风险小得多的事情上投资，但相应地会得到较少的回报。网络储蓄账户就是个很好的例子。1.5%的利息你稳稳当当就能拿到手，不用担心它会变成负值，但是它也不会凭空变出更多。这笔投资带来的回报很少，但稳定可靠。

## 冒险还是稳妥，这是个问题

怎么才能知道在投资上你应该承受多大的风险呢？这取决于你乐于接受多大的风险。风险爱好型的人哪怕多冒一些险也吃得消，而风险厌恶型的人不想冒任何风险。以下因素可以帮助明确你愿意冒多大的风险。

1. 你的年龄：对于投资来说，年龄越小，可承受的风险就越高，因为就算有损失，你也有更多时间来挽回。如果你15岁时所做的投资回报率降低了，你在退休前还有好几十年时间让投资回报率重新高起来。

2. 你所处的人生阶段（跟"年龄"一项有相似之处）：如果你才上高中，或是刚刚找了第一份工作，可承受的风险更高，因为你今后有大把的时间去挽回可能出现的损失。但如果你已经成年，甚至就要退休，你肯定不想拿自己的积蓄去冒很大的风险。

3. 你的个性：大部分人原本既不是风险爱好型的，也不是风险厌恶型的。你喜欢滑雪、冲浪这类冒险刺激的活动吗？还是更爱玩些安全的娱乐项目？

你做的投资一定不能让你担心得晚上都睡不着觉。知道自己是什么类型的人——是风险爱好型还是风险厌恶型，能让你更容易做出决定。

# 风险还是回报

你能不能帮赚钱二人组想出三个风险与回报的例子？可以用体育运动、电子游戏或是你自己舒适区以外的事情（比如在学校里当众演讲）来举例。

针对这些事例，思考以下问题：

➡ **什么会让这件事情的风险升高？**

➡ **什么地方有可能出问题？**

➡ **如果达成目标，你的回报会是什么，或者说你能赢得什么？**

我们就以前面的足球赛为例来分析一下：

➡ **什么会让这件事情的风险升高？** 让所有队员都去参与进攻。

➡ **什么地方有可能出问题？** 对手可能会得分，因为没有守门员拦着他们。

➡ **如果达成目标，你的回报会是什么，或者说你能赢得什么？** 进很多球，得很多分。

现在你自己来想三个例子，并参照上文好好分析一番。

## 资产流动性简介

说到投资，还有个重要问题：**流动性**，也就是你在任何时候能取到钱的难易程度。如果你的钱都拴死在无法变卖的东西上，那就是毫无流动性。例如，你存钱罐里的钱流动性非常高，也就是说只要你需要，轻而易举就能得到。而投资到特定账户里用来上大学的钱，流动性就没有那么好了。

如果短时间内你的钱还够花，你就能在金融理财上承受较高的风险。如果你需要有一笔钱能随取随用，就可能会更倾向于安全的投资。万一有紧急状况，你希望能更容易拿到钱。

 **财富回忆录：2008 年金融危机**

你也许听人说起过 2008 年的金融危机。那这究竟是怎么回事，又是什么原因导致的呢？

2005 年前后，有很多人买房。为了从买房置业的需求中赚钱，抵押贷款的放款人，也就是借钱给人们去买房的公司，开始把钱借给那些没有能力偿还贷款的人。这就产生了多米诺骨牌效应。贷款公司因为贷款管理不善，无法收回还款，纷纷**破产**，房地产市场也开始崩溃。就连那些以前人们认为"大而不倒"的大银行，也开始倒闭。这些因素叠加起来影响了股市，让股市失去了差不多一半的市值。

最后，美国政府只好花费巨资，帮助面临倒闭的银行和苦苦挣扎的汽车厂商摆脱困境，并制定金融政策来保护消费者，避免金融机构向没什么金融理财知识的人发放"掠夺性贷款"。当然，你不在此列。读完这本书，你会比大部分大人知道的还要多！

## 做调查

好了，现在你已经做好投资准备了。但是，你该怎么确定什么投资对你来说最合适？还是要靠调查，大量的调查。

我们来看一个例子。假设你有三个好朋友，都希望你能投资他们的小生意：

- 莉莉洗车。
- 苏菲摆了个柠檬水摊。
- 杰克的业务是帮人遛狗。

问题是，你的钱只够投给他们当中的一个，而作为朋友，他们跟你的交情都不错。那么，你到底应该投资哪门生意呢？

可以先问问下面的问题。

- 你的产品或服务是什么？
- 你怎么赚钱？
- 你的客户是谁？

在了解了这些项目各自的情况之后，就是深入钻研细节的时候了。对于你打算投资的项目，还需要问对方更多问题：

- **你能挣多少钱？**
- **你的业务增长如何？**
- **你的竞争对手都有谁？**
- **你的业务有多稳定？**
- **你怎么管理你的公司？**

关于这些问题，我们接下来会仔细讨论一下——这对于任何生意都很重要。

## 收益

公司**收益**（挣多少钱）反映了一家公司的利润率，也就是"账本上的最后一行字"。要知道一家公司有多赚钱，你需要做点算术。下面是我们需要用到的公式：

总销售收入 − 经营业务的总开支 = 总收益

我们就以莉莉的洗车业务为例算算看。

莉莉洗一辆车收 5 美元。一个休息日，莉莉通常能洗三辆车，因此一共能挣到 15 美元。这是她一个休息日的总收入。

要经营洗车业务，莉莉需要水桶、清洁剂和海绵块，这些项目是她的开支。

莉莉有时候会叫妹妹来帮忙并支付费用，还会绘制海报在附近张贴，给洗车业务打广告。这些也是她的开支。

因此，要知道莉莉的洗车生意有多赚钱，她不但需要告诉你她挣了多少钱，还需要告诉你经营这项业务一共需要花多少钱。

## 增长

要让投资赚钱，你投资的这个项目还需要不断增长，也就是越来越壮大——越往后，它能挣到的钱就得越来越多。所以你需要好好看看，这个项目在从头到尾的整个发展过程中挣了多少钱。你能看到什么趋势吗？这门生意是蒸蒸日上，还是已经在走下坡路了？

看看这家公司过去几个月的收益情况，是在上升还是在下降。记住，收益有时候会出现季节性下降，比如苏菲的柠檬水只能在夏天卖。查看的时间尺度要足够大，你才能对公司的整体方向形成理智的判断。

## 竞争

这个地区有多少提供完全一样或类似服务的公司？（也就是竞争对手。）竞争对手多不多？竞争对手间有哪些异同？你考虑投资的公司是所在领域的领头羊吗？例如，在你们邻里中有没有别的遛狗人跟杰克竞争？如果有，杰克怎么让自己的服务脱颖而出？比如说，他可能收费更低，或者他可能每次遛更少的狗，这样给予每条狗的关注和时间也会更多。

**稳定**

在研究每家公司的数据时，记得查看这些数据是否波动得厉害，借此推知他们的生意是否稳定。坐在过山车里上上下下很好玩，但看到你的钱也像坐着过山车一样就没那么好玩了。投资人不喜欢不确定因素。良性投资的标志之一就是稳定性好，能确保你获得稳定的收益。

**管理**

最成功的公司，领导者也是最优秀的。杰出领导者的雇员心态更好，能做出更好的产品决策，为公司创造积极的长期愿景。如果你打算在三个好朋友中间选一个投资，你认为他们谁会为自己的业务做出最明智的决策？他们谁更聪明，谁更有创造力，谁更有激情？

可是，如果你想投资的公司负责人不是你的好朋友，怎么得到上述所有信息呢？你可以从在网上搜索这家公司的名字开始。去它的网站上看看，别放过年度报告里的任何相关内容。你也可以利用投资经纪公司的投资工具进行分析，并找个大人来帮你。另外，你可以从财经博客上了解股票信息，或是收看电视上的财经新闻节目。

一旦你习惯了做这样的调查，就可以"如法炮制"去调查其他投资类型，比如说债券、共同基金乃至房地产等。这些内容后面我们会详细展开讨论。

# 数据归总

赚钱二人组向你发出了挑战，要求你选择三家公司去调研。这三家公司里面可以有你最喜欢的，也可以只是你感兴趣的。

收集以下几方面的数据：

➡ **收益** 上一年度这些公司的收益是多少？

➡ **增长** 比较前一年和今年的收益情况。

➡ **竞争** 这些公司最主要的竞争对手都有谁？

➡ **稳定** 看看他们的股票价格是否有规律——是像过山车一样忽上忽下，还是很平稳？

➡ **管理** 公司的首席执行官或者董事会主席是谁？是否有丰富的行业经验？是否有负面新闻？

做完这些调研之后，再决定你愿意投资给哪家公司。

## 继续调查

好，现在你调查完毕，已经决定好投资给谁了。你决定投给莉莉的洗车业务。前一年她的洗车业务保持稳定增长，竞争对手不多，对于下一年如何扩大业务也有极具创意的规划。

但是先别急！并不能因为你在投资之前做了调研，就觉得自己大功告成了。你应该继续调查、监督你的投资，对其进行适当的管理。投资是个持续的过程。

为什么你必须继续密切关注你的投资？因为你需要知道，如果莉莉的洗车业务发生了变化，会怎样。如果你的朋友詹姆斯决定开展洗车业务跟莉莉竞争，会怎样。他可以收费更低，因为他钱多，可以大批量购买更便宜的清洁剂。他还有个小弟弟，不但愿意帮哥哥的忙，想要的报酬还比莉莉妹妹更少。

如果詹姆斯的业务在你看来更有发展前景，那么你可能需要做出改变。要不断重新评估你的投资，这一点很重要。

# 让世界更美好

在你投资了某项业务后，你会觉得自己也是公司的拥有者之一了。因此，你需要对你投资的公司充分信任。除了去了解这家公司的业绩表现，最好同时也考虑一下他们的经营方式。比如：

→ **他们的业务是否致力于让世界更美好？**

→ **这项业务是"绿色"的吗？这家公司有没有尽力降低工厂的污染？**

→ **他们卖的产品你喜欢吗？**

我们来看看前面提到的三门小生意：苏菲的柠檬水摊、杰克的遛狗服务，还有莉莉的洗车业务。如果你想投资他们，问什么问题能让你做出明智的判断？

我们从苏菲的柠檬水摊开始。如今少年儿童的过度肥胖问题日趋严重，我们可以来看看她的产品是否健康。她的柠檬水是用真的柠檬做的，还是用柠檬香精、糖和一些不健康的成分勾兑的，只是一种调味饮料？

接下来是杰克的遛狗服务。除了收益，还有什么因素可能会影响你对他的投资？如果杰克把利润的一部分捐给当地的动物收容所，用来支持领养宠物，他的生意也许看起来更有吸引力。

最后是莉莉的洗车业务。保护环境非常重要，所以我们可以看看她的业务是否环保，她有没有节约用水，使用对环境更友好的清洁剂和海绵块？

在为自己的投资做调查的时候，你也可以问类似的问题。社会责任型投资（SRI）这个概念最近变得很火，尤其是在年轻的投资人中间。下面这些行业就能让世界更美好：价格合理的清洁能源、医疗护理和医药、健康和营养、教育和艺术……

可能你也会希望避开那些你认为对这个世界有害的公司和行业，比如烟草、武器等。运用自己的判断力，投资你充分信任的行业和公司，这很重要。不过也要记住，在行善和良好的业绩表现之间始终要找到一种平衡。在做调研的时候，注意比较一下业内那些有社会责任感的公司和其他公司有何异同。

## 什么是ESG投资策略

有一个投资策略能帮助你找到"让世界更美好"的公司——ESG投资策略。ESG这三个字母分别代表环境、社会责任和公司治理（你在调研中估计也会碰到它）。运用ESG投资策略，你可以确定感兴趣的公司是否属于下面的类别：

**E**：有环境意识的公司，包括生产绿色产品、减少碳足迹和碳排放，以及聚焦可再生能源（例如太阳能和风能）的公司。

**S**：注重社会效益的公司。这类公司会关心员工的多元化，重视个人权利，注重保护消费者，也很关注动物保护。

**G**：管理良好的公司。这类公司极为关注管理工作，有资深领导者，也很关心公司的运转情况——与股东沟通，确保执行团队没有拿不合理高薪，保证员工受到公平对待。

哪些因素最重要呢？这由你来决定。也许你更关注在太阳能方面不断开拓创新的公司，或者如果你非常喜欢动物，会想了解一下致力于动物保护的公司。将这些公司与其竞争对手好好比较一下，再做最后的决定。还有，继续定期重新评估你的投资，这也很重要哟。

##  财富创造价值：绿色产业

大家都知道，气候变化对全世界都影响深远。帮助改善气候变化的一个小法是，在选择投资对象时考虑一下环境问题。

下面是一些致力于环保产品的绿色产业。

- **可再生能源：风能、太阳能、地热**
- **电动汽车**
- **废物减量及回收**
- **污染控制**
- **有机食品**

如果找到了合适的公司和基金，你不但可以挣到钱，还能帮助改善环境呢！

# 选一只股票，
# 但不能闭着眼睛选

赚钱二人组又来给你派任务啦。上一个任务中你调查过的三家公司（见45页），哪一家下个月会有最出色的表现？你敢预测一下吗？只能选一个哟。

根据你的调研做出选择。你不用真的投进去真金白银，就能知道你的调查工作做得有多棒，这个方法很有意思吧！

接下来的四周里，记得每周查看他们的股票价格。（注意，最好是在每周的同一天去看），把查到的结果用纸笔记录下来。给你预测会"胜出"（增长最强劲、表现最抢眼）的那家公司重点标记一下。

你可以自己一个人接受这个挑战，也可以邀请别人参与进来，看看谁的预测最准确！

## 要点回顾

上一章我们学完了跟存钱有关的内容并顺利毕业了,这一章我们更上一层楼,学到了跟投资有关的更多知识!这些要点需要你记住:

- ☑ 投资能挣到的钱会比存在储蓄账户里挣的多得多(见 37 页)。
- ☑ 高风险、高回报投资就好像让足球队里的所有队员都去参与进攻一样(见 36 页)。
- ☑ 在投资前好好调查一下你打算投资的公司(就像在决定投资你朋友的生意之前要做的那样,见 41 页),这么做很重要。
- ☑ 采用 ESG 投资策略有助于让世界更美好(见 48 页)。

# 第四章

# 低风险，低回报

学过了投资的基本知识，该了解一下投资有哪些类型，以及这些投资类型各自的风险等级了。为了确定风险等级，我们会用方便又好用的风险评估表来评估一下。我们会对每一种投资类型逐一打分，分数从 1（风险最低）到 10（风险最高）不等。本章我们会重点关注低风险、低回报的投资。下一章则会重点关注高风险、高回报的投资。

低风险、低回报的投资也许不像高风险、高回报的投资那么让人觉得刺激，但有一个巨大优势，就是基本上能保证你会从投资中得到回报（只是回报比较少就是了）。

有哪些投资可以归到这个范畴呢？这些较安稳的投资手段包括国库券、定期存款，以及不同类型的债券。

# 国库券

在美国，国库券（T-bills）是美国财政部发行的，属于较安全的投资。也就是说，美国政府几乎没有可能违约，拒绝偿付国库券。既然美国政府承诺会付款，那么就意味着你一般不可能在这种投资上亏钱。但这种投资的缺陷就是，回报（或者说利息）非常低。

你可以通过美国财政部的网站直接购买国库券，也可以通过投资经纪公司购买。国库券通常是以100美元或1000美元为单位购买的，这叫面值，即票面价格。如果购买国库券，就要买定一段时间后才能卖出，这段时间叫作期限。期限的范围变化很大，短则几天，长则一年，但通常会是4、8、13、26或52个星期。

国库券与大多数投资方式不同，并不是直接付给你利息，而是以买入价格（一般为折价）购买，等到期的时候按照面值去兑现。

我们可以举例来说明国库券是怎么操作的：你花995美元买了一张1000美元的国库券，995美元是买入价格，1000美元是面值。到期之后，你可以按面值拿回1000美元，也就是说你通过这笔投资赚了5美元（1000 − 995 = 5）。

如果你想算算这笔投资的收益率,结果就是0.5%(5÷995×100%)。你买国库券能挣到多少钱一般取决于期限。期限越长,买入价格越低,你赚的钱就越多。

##  财富真人秀:斯蒂芬·库里

众所周知,斯蒂芬·库里是金州勇士队的控球后卫,他效力于该队期间,多次获得美国男子职业篮球联赛(NBA)总冠军,也多次捧回"最有价值球员"(MVP)的奖杯。凭借高超的控球技术,以及让人惊掉下巴的三分球,他令篮球比赛发生了重大变革。

但是,你知不知道在球场之外,库里还活跃于商界、慈善界和投资界?2013年,库里与美国安德玛运动用品公司合作,成为该公司鞋类产品线的代言人。2018年,他还跟索尼影业签约,同这家公司在影视制作领域展开合作,聚焦于电子产品、游戏和虚拟现实领域。

现在,库里跟大学时期的室友布赖恩特·巴尔合作成立了一家投资公司。这家投资公司致力于改变生活和"毁掉比赛"(促使比赛酝酿新的变化,比如引入新训练技术,并取得了成功)。

库里的终极目标是,打造出篮球职业生涯结束很久以后,都仍然具有生命力的一项事业。

## 银行存款

在美国，紧跟在国库券后面的第二安全的投资项目是银行存款，比如储蓄账户和定期存款。银行存款之所以安全，是因为受到美国联邦存款保险公司的保护（上限达 25 万美元，见 12 页）。

银行存款可以分为两类：

**1. 在当地传统银行或信用社存钱。**

**2. 在网络账户中存钱。**

在当地传统银行或信用社存钱的好处是，这些机构有实体网点。你也许喜欢跟本地的银行柜员打个招呼，或是想从自动取款机取钱。劣势在于当地银行的利率通常都很低。例如 2020 年的平均年利率只有 0.06%。

网络储蓄账户给出的利率一般要高得多（2020 年平均可达 1% 以上）。缺点就是这些机构并没有实体网点。好在现在任何事情都很容易在线完成。你甚至可以把网络储蓄账户跟普通的银行账户关联起来。只需要轻点几下鼠标或按键，你就可以轻松实现线上不同账户间的转账。

定期存款能挣到的钱比网络储蓄账户还要稍微多一点（2020 年平均能达到 2%），因为你必须承诺把钱存够一定期限。跟国库券一样，定期存款也有期限（在美国，这个期限通常是6个月到5年），时间跨度越大，年利率越高，你能挣到的钱就越多。但你也必须小心，如果还没到期你就把钱取了出来，就要支付罚金。

## 什么是信用评级

你可能在电视里听说过信用评级。这就好像是成绩单上的分数，可以告诉你某件事物有多好或者多糟糕。就消费者而言，你的信用评分越高，你的信用额度就越高，你的贷款利率也会越优惠。债券也有信用评级。债券可以由公司发行，也可以由政府发行（例如地方政府债券）。

债券信用评级能向投资者表明，购买某种债券的风险有多高。信用评级提供了债券发行方的财务状况等重要信息。如果你是私下做调查，可以通过这类线索来了解这种债券是良性投资还是恶性投资。

可以把债券信用评级看成是学校的成绩报告单，AAA、AA和A是最好的评级，其中AAA更是优中选优（就像学校考试得了A+一样）。这些债券属于高评级债券。中等风险的债券就是评为BBB、BB和B的债券。剩下的评级为C乃至更低的债券是风险最高的，有时候也叫投机债券或"垃圾债券"。聪明的投资人（比如说你）肯定要尽量避开任何被称为"垃圾"的东西！

# 你是哪种投资者

你是哪种投资者？你是像理财先生那样对低风险、低回报的投资青睐有加呢，还是像投资女士那样对高风险、高回报的投资情有独钟？

为了得出结论，请你先回答下列问题，把你的答案圈出来。完成后，把选项后面括号里的数字加起来得出总分。然后把你的得分跟后面的记分卡比对一下，看看你的投资风格。

1. 去游乐园的时候，你喜欢坐过山车吗？

A. 不了，谢谢！（1）

B. 行呀，要是不那么吓人的话。（2）

C. 当然喜欢！越大越快越好！（3）

2. 在打比赛的时候，你喜欢打进攻还是打防守？

A. 永远打防守！（1）

B. 算是两种都喜欢吧。（2）

C. 打进攻。我太喜欢得分了！（3）

3. 你们正在吃比萨大餐。你可以现在就去拿一片，也可以等到所有人都拿完第一片后再去拿两片。你会怎么做？

A. 现在就拿，拿一片。（1）

B. 这要取决于我有多饿。（2）

C. 等着拿两片。（3）

# 记分卡

你的得分说明了你是什么样的投资类型。

➡ **（3到4分）低风险型**：你喜欢缓慢、稳健、安全的投资方式。为了让你的投资增值，你不介意多等一段时间。

➡ **（5到7分）平衡型**：你居于中间位置。你可能会为了增加财富而冒一定风险，但不愿意做任何会让投资承受巨大风险的事情。

➡ **（8到9分）高风险型**：面对更激进的投资方法，你也能处之泰然。你愿意拿你的钱去搏一搏更大的机会。

## 财富回忆录：泡沫经济

我们来谈谈泡沫吧。不，不是洗澡的时候浴缸里的那种泡泡！我们说的是泡沫经济。谁都知道泡沫是怎么回事：吹泡泡的时候，刚开始很小，然后越来越大，越来越大，最后……啪！

泡沫经济也是同样的情形。泡沫经济有时始于新产品、新技术，有时始于市场上的新动向。刚开始，投资者只是很好奇，也相当谨慎，但随后他们的兴趣会逐渐上升。很快人们就会开始担心，如果不跟着投资这种**资产**（有价值的东西）的话，可能就会错过一个亿。当人们开始狂热，进入极度兴奋的状态，买卖就开始失控了。

一旦所有人都意识到这种资产的价格过高（因为有太多人购买了），就会出现大量的快速抛售，泡沫随之破灭，资产价格也会应声暴跌。

泡沫经济的例子有17世纪的郁金香热（对吧，很难相信那时候的荷兰人会对郁金香球茎那么狂热）、2001年的互联网泡沫和2018年的比特币泡沫。

# 高评级公司债券

现在我们来好好讨论一下债券。购买债券的时候，你实际上是在借钱给债券发行方（公司或政府），并因这份借款获得一些利息。你也可以投资债券基金，也就是多只债券的组合。

我们从高评级债券开始，这属于低风险、低回报的范畴。这些债券也叫"投资级别"债券，信用评级为 BBB 或以上（见 57 页"什么是信用评级"）。

这些债券的信用评级很高，意味着发行方财务状况良好，基本上不可能违约，也就是发行债券的公司基本不会出现无法偿付债务的情形。违约通常意味着公司正走向破产，如果你投资了涉及违约的债券，你最后可能只拿得回来一部分钱。

好在高评级债券是非常安全的投资。从 1920 年到 2009 年，AAA 级债券违约的不到 1%，这么一说你就知道这种债券有多安全了。当然，安全投资（或者说低风险投资）的不足之处是回报也非常低。从债券上得到的回报叫**投资收益**。有些投资人愿意接受高评级债券的低收益，他们只求自己投出去的钱有安全保障。

# 调查债券

现在，你知道投资债券是什么概念了，可以帮赚钱二人组做些调研吗？他们想投资债券基金，也就是多只债券的组合。在尝试投资债券时，购买债券基金是个好办法，也是比较容易的办法。

在搜索债券基金的时候（比如你可以在搜索引擎里输入"加利福尼亚州债券基金"），你会得到很多结果。你可以进入一家网站，找找下面这些信息：

- **收益率或利率**：这笔投资的回报率。
- **手续费率**：购买这只基金需要花多少手续费。
- **成立日期**：这只基金创立多长时间了。

请注意：要得到真实的回报率，你需要从收益率（或利率）中减去**手续费率**，这一步操作很重要——只有这样，你才能拿去跟没有手续费的其他投资相比较。

你要找的是总体回报率很好（不同基金的回报率会有所不同，不过那些回报率以 3%~5% 为起点的基金是很不错的选择），同时已经成立了一段时间的基金。如果是刚刚创立的基金，你就没法知道它的历史表现。

找出三只对赚钱二人组来说好像很有意思的债券基金，来供他们投资。

# 高收益债券

现在我们来看看风险更高、回报也更高的债券,这种债券叫作高收益债券。猜猜为什么起这个名字?当然是因为这种债券通常都能带来更高的收益(或者说回报率)啦!不过现在你也知道了,潜在回报更大同样意味着需要承担更多风险。这种债券有时候也叫"非投资级别"债券,甚至"垃圾"债券。(这名字可真不怎么样,对吧?)

在信用评级量表上,那些评级为 BB 或以下的债券就是高收益债券。请记住,评级 BB 就相当于你的成绩报告单上得了个 B 或更低的等级。那为什么要投资并非顶级的债券呢?因为这种债券会带来更高的收益率,以作为对愿意在它们身上冒险的投资者的激励。

但是也要小心:你可不想投资那些信用评级特别低的债券。一般来讲,评级为 BB、B 乃至 CCC 的债券还表明发行公司有能力还债,而评级为 CC 或更低的公司,违约的可能性要大得多。

我们消费者也面临着同样的情形。如果你向银行申请贷款或信用卡,银行就会查看你的信用报告,即看看你的信用评分。分数很高表明你很可能会好好还债,所以银行会收你很少的利息。分数很低则意味着你需要支付很高的利息，因为银行借钱给你要冒很大的风险。

## 财富奥秘：明日之星和堕落天使

高收益债券（评级 BB 或以下的债券）还可以分成两个子类别，名字非常有意思：明日之星和堕落天使。

明日之星是指那些目前信用评级很低但财务状况正在逐步改善的债券。这种债券多是刚成立的公司发行的，还没有留下多少财务记录，只有在证明自身能力之后，才能正式得到更高的信用评级。

堕落天使则刚好相反，是那些信用评级越来越差的公司发行的，通常都要归因于公司**营业收入**日益下滑。如果公司挣不到跟以前一样多的钱，那等到还债的时候很可能就要面对"年关难过年年过"的困局了。

## 要点回顾

这一章我们终于说到真正的投资了！对于"低风险、低回报"的选项，下面这些要点需要你记住：

☑ 国库券是风险最低的投资，因为是由政府发行的（见 54 页）。

☑ 你可以通过传统银行或网络银行设立一个储蓄账户，也可以存成定期存款（见 56 页）。

☑ 债券有信用评级，就像成绩单上的分数一样。高评级债券属于低风险、低回报型，而高收益债券的风险更高，回报也更高（见 61 页）。

## 第五章

# 高风险，高回报

到这一章我们要讨论的对象就要从低风险、低回报的投资类型转到高风险、高回报的类型了。低风险、低回报的投资就好比在平路上慢慢悠悠骑着自行车，而高风险、高回报的投资可以比作顶着狂风暴雨在悬崖边上开跑车。这样开车会让你掌心冒汗、兴奋不已，但要是稍有差池就可能摔下悬崖，粉身碎骨（当然，只是经济上）！

我们会讲到很多关于股票市场的内容，包括怎么买股票，什么是股息，以及衰退和萧条之间有什么区别。我们也会了解牛市、熊市和黑天鹅（说的可不是动物园里的牛、熊和天鹅哟），你会发现这几种动物跟股市都有着什么关系。

对于从来没有投资过股票的人，股票也许看起来很可怕。（有些人即便买过股票，还会觉得股票很可怕呢！）因此，我们会确保你能理解股票究竟是怎么回事。而且，股票不是风险最高的投资，我们还会谈到三种风险更高、回报也更高的投资形式。

# 股票市场

说到股市的时候你会想到什么？也许像你在电影里看到的那样，是华尔街上行色匆匆、西装革履的商务人士；也许你会想到纽约证券交易所，股票价格在大屏幕上闪烁，大厅里的人们高喊着："买！买！买！"

刚开始，股票市场其实就跟杂货店差不多，人们可以当面买卖股票。不过现在，买卖股票都可以在线进行了。单单是在美国就有三家大型证券交易所，其中规模最大的是纽约证券交易所（NYSE，纽交所），紧随其后的是纳斯达克（NASDAQ）和美国证券交易所（AMEX）。世界上还有很多其他证券交易所，比如东京证券交易所、伦敦证券交易所，等等。

这些股票市场都由可以公开交易的上市公司组成，而个体投资者（像你我一样）可购买这些公司的股票。购买了一家公司的股票之后，这家公司就算是有一部分为你所有了。如果这家公司蒸蒸日上，其股价就会上涨，你的投资也会跟着水涨船高。但如果公司经营不善，股价就会下跌，你的投资也会跟着打水漂。前文我们提到要做好调研（见41页），就是这个原因。

你可能也听说过道琼斯和标普500，这些都是**股票指数**。

股票指数是整个股票市场的一小部分。道琼斯工业股票平均指数（DJIA）是道琼斯指数的一种，有时候也简称道指，是以美国30家最大的工业公司的股票为对象计算出的一个算术平均数。而标普500全称为标准普尔指数，以美国前500家上市公司股票为基准。当然还有很多别的股票指数，但上面这两种是最常用的。有时候，投资者会参考这些指数来把握股市的整体趋势。他们会说："今天道指上涨了100点！"

怎么开始在股票市场上投资呢？究竟怎么买卖股票？实际上你可以通过好几种方式办到。

1. 你可以直接买单个公司股票，比如你最喜欢的娱乐或食品公司。每家公司都会关联一个代码，叫作股票代码，你可以通过股票代码查看这家公司的情况，做调研，或是购入股票。

2. 你也可以买一组股票，比如共同基金或交易所交易基金。这么做可以让你利用投资组合分散风险。后面我们会展开说说分散投资的内容。

如果你持有多只不同的股票，就可以有效降低风险，因为即使其中一只股票跌了，还有别的股票可能上涨，不会让你到头来赔个精光。

## 买彩票

你可能会觉得，买彩票好像也是在投资。你投钱进去，指望着赢好大一笔钱回来。听起来特别简单，对吧？但是，别那么快下结论！

今天，美国"强力球"彩票中大奖的机会是 2.922 亿分之一，"超级百万"彩票的赢取机会则是 3.026 亿分之一。知道这些机会究竟有多渺茫吗？以下事情发生的可能性都比中这些彩票头奖要高：

- **被河马杀死：** 250 万分之一
- **成为航天员：** 1210 万分之一
- **当上美国总统：** 3260 万分之一
- **被掉下来的椰子砸死：** 5070 万分之一

好好调查研究、好好决策，深思熟虑后出手投资，你得到的会比买彩票多得多。读完这本书以后，你就会知道怎么投资才算聪明，什么投资能在未来带来**利润**。有个统计数据你也许会感兴趣，就是每 30 个美国人中就有一个百万富翁。但是，他们当中有靠买彩票当上百万富翁的吗？几乎没有！

## 熊市、牛市和黑天鹅

你如果看过《绿野仙踪》（也叫《奥兹国历险记》），一定记得桃乐丝和朋友们一起唱"狮子、老虎和大熊，噢天哪！"的情景。不过来到投资世界，涉及的动物就变成了牛、熊，有时候还有黑天鹅。

华尔街有尊非常著名的铜牛塑像。知道为什么吗？"牛市"表示股票市场正在一飞冲天（因为牛攻击敌人的时候就是把角往上一挑），所以牛就成了积极正面的象征。与此相反,"熊市"表示股票市场正在江河日下（因为熊对猎物大打出手的时候,大都是抡起巴掌一记泰山压顶）,这时买股票很可能会赔钱。

如果股市至少三个月连续上涨,而且涨幅达到或超过20%,我们就说进入了牛市。而如果股市至少连续三个月下跌,而且跌幅达到或超过了20%,我们就说进入了熊市。不过有时候,投资者也会泛泛地用"牛市"和"熊市"来表示股票市场的整体趋势。

值得庆幸的是,美国历史上牛市比熊市要多得多。实际上,从1926年到2018年,牛市平均持续时间为9.1年,而熊市为1.4年。而且,牛市平均的累积总收益率高达480%,而熊市是-41%。这些数字说明什么呢？简而言之,股票市场上涨的趋势比下跌的要多得多。

黑天鹅也跟财经世界和股票市场有关联。相信你也知道,天鹅大都是白色的,因此看到黑天鹅会觉得比较罕见。在经济学领域,黑天鹅事件指的是极少发生、完全出乎意料的状况,并且会产生极为负面的影响。

最近的黑天鹅事件包括2001年的互联网泡沫,2008年的金融危机（见40页"财富回忆录:2008年金融危机"）,以及2019年开始的新冠肺炎疫情。实际上,新冠肺炎疫情也许可以说是黑天鹅事件的绝佳例子:它极为罕见（上一次这种大规模的流行病暴发还是在1918年）,产生了灾难性的经济影响（股票市场应声暴跌,造成了大规模失业）,而且完全没有任何人预料到。

　　黑天鹅事件是不可预测的，但我们可以从中学到一些经验教训。作为投资者，你需要确保自己做足了功课，也要建立自己的投资策略。你还记不记得我们讨论过泡沫经济（见60页）？你需要确保自己不会被泡沫经济中的大好形势冲昏了头脑，被裹挟着迷失了方向。你还可以分散投资，让自己的投资多元化。所有关于分散投资的内容，我们会在下一章详细讨论。

## 财富真人秀：芭芭拉·科科伦

　　芭芭拉·科科伦是商人、投资家，也是作家，身家高达8000万美元。如果你看过广受欢迎的真人秀节目《创智赢家》(*Shark Tank*)，那你就有可能看到过她跟投资家马克·丘班、凯文·奥利里等一起干一番大事的场景。

　　芭芭拉在节目中干成的大事有Coverplay项目（给婴儿游戏围栏加装布套）、LOLIWARE（可降解和可食用的杯子）和"自在小孩"（帮助孩子内心归于宁静的图书）等项目。

　　20世纪70年代，在一家房地产公司做了多年接待员后，芭芭拉决定开创自己的事业。她成立了自己的房地产公司——科科伦集团。2001年，芭芭拉以6600万美元出售了自己的公司。

## 衰退和萧条

衰退是指经济形势普遍越来越差，而且持续了好几个月甚至更长的一段时期。换句话说就是，**国内生产总值**（GDP），也就是用来衡量在经济体内产生的所有产品和服务总量的指标，至少连续几个月一直在下降。衰退意味着人们购买的东西越来越少，工厂生产的产品越来越少，零售店卖的东西也越来越少。

什么会导致衰退？我们前面讨论过两个重要原因：泡沫经济和黑天鹅事件。21世纪头几年的互联网泡沫、2008年的金融危机，以及2019年开始的新冠肺炎疫情，都带来了衰退。其他可能导致衰退的原因还有经济冲击（比如油价上涨）或利率上升，后者会让借贷的成本变得很高。

而萧条就是更严重的、持续了好几年的衰退。1930年前后的大萧条是美国到目前为止经历的唯一一次大萧条。（希望再也不会发生这种事情！）

好在衰退和萧条都只是暂时的。衰退和萧条发生的时候确实让人痛苦不堪，但到最后市场总会反弹。这种起伏也是整体经济进程的必然规律。优秀的投资家能安然度过熊市，对衰退安之若素，因为他们知道，熊市过去之后，总会迎来更长时间的牛市。

下面这张图给出了2000年到2018年的道琼斯工业股票平均指数。我们可以看到，两次衰退发生时，曲线下降了数月：21世纪头几年的互联网泡沫和2008年到2009年的金融危机。但是我们也可以看到，每次衰退过后，市场都能东山再起，重振雄风。

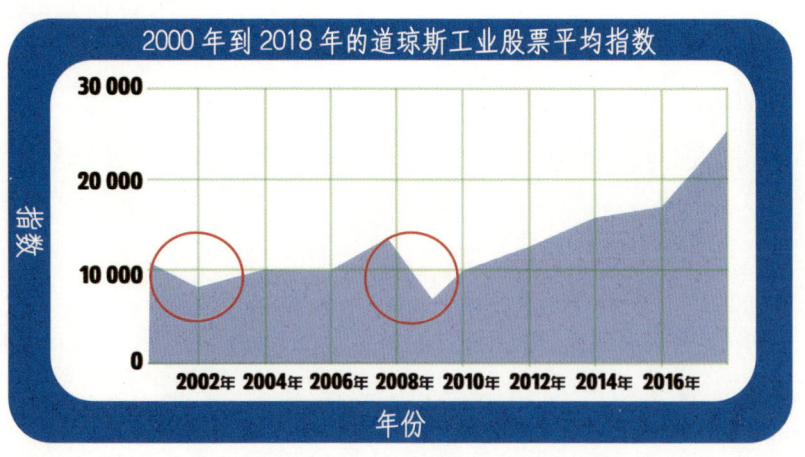

好吧，你可能对大萧条时期一些萧索凄凉的事情有所耳闻，但大萧条究竟是怎么回事呢？

1929年10月29日（也叫"黑色星期二"），美国股市崩盘了。在经历了"咆哮的20年代"经济野蛮生长的数年后，股票的价值被大大高估了。而股市崩盘让股民恐慌不已，纷纷尽力抛售手里的投资。投资者损失了数十亿美元，到1933年，美国有超过1500万人失业，有将近一半的银行倒闭。

1933 年，富兰克林·罗斯福就任美国总统后开启新政，推动了一系列联邦救济计划和财政改革项目，以期把美国拉出大萧条的泥潭。作为新政的一部分，罗斯福还签署了《1933 年银行法》（也称《格拉斯－斯蒂格尔银行法案》）。这届政府还创立了联邦存款保险公司，由政府为人们存在银行里的存款提供保护。

## 怎么买股票

在互联网时代以前，投资股票要比现在困难得多。要进行调研，你只能去图书馆，或是读财经类的报纸（比如《华尔街日报》）。决定好买卖什么股票之后，再打电话给股票经纪人（负责买卖股票的人）。先说好要买卖什么股票，他来帮你把单子挂出去。事儿好多，对吧！

好在现在有了互联网，一切都方便多了。所有的调查研究工作和买进卖出，都可以自行在网上完成。要买进第一只股票，下面列出了四个步骤（不过要确保整个过程中都有大人帮你哟）。

**1. 在线开户。** 你需要在股票经纪公司的网站上或手机应用上开设一个账户。（当然，你首先要符合开户条件。）你面临的选择很多，所以需要做点研究，看看哪些最适合新入场的投资者。随后，你就可以把日常用的银行账户跟股票经纪账户关联起来了。

# 畅想未来

在为未来投资时，赚钱二人组发现仔细思考商业和工业领域的未来演变会大有帮助。

比如说，回到1990年，那时候还没有无线网，没有手机短信，也没有电动汽车。（感觉像不像是生活在洞穴年代？不知有多落后呢！）而30年后的今天，这些东西已经遍地都是。

帮赚钱二人组畅想一下，从现在起的30年内，下面这些行业的业务和产品会有什么发展。什么会保持不变？或是一切都会大变样？

- 交通运输
- 旅游
- 医疗保健
- 房地产
- 食品

这会帮助你看清楚什么公司和行业最有投资价值，未来最有增长潜力。

**2. 选择股票。** 记得做功课！登录股票经纪公司的网站，你就能做很多功课了。搜一下你感兴趣的股票名称，按照本书"做调查"中的步骤进行（见41—45页）。请注意，你也可以一次性买一组股票，即共同基金或者交易所交易基金。下一章我们会对此展开讨论。

**3. 确定想买多少股。** 你可以购买确定数目的股数，也可以按照总金额来买。比如说，假设你想把投资限制在250美元以内，而你想买的股票是100美元一股，那么你可以买两股，即花掉200美元。你也可以选择购买价值250美元的股票，也就是2.5股。

**4. 选择订单类型。** 购买股票时，有好几种订单类型可供选择。最常见的两种是市价订单和限价订单。市价订单就是无论目前价格如何都立即买入。如果当前价格是27美元，那就按27美元一股支付订单。而如果用限价订单，你就能自行决定为这只股票支付的价格。还用上面的例子，如果你觉得股票价格可能会下降，就下一个限价订单，到25美元一股的时候购入。对于这种订单，只有价格降到你期望的购入价时，购买才会发生。

也没多难，对不对？对很多人来说，买卖股票好像很可怕，但只要知道了这是怎么回事，就很简单了！

接下来就是密切关注你的股票。还记得前文提到怎么调查和投资好朋友的小生意吗？是的，你应该继续密切关注他们的小生意，确保自己的投资一直物有所值。购买股票也是一样的。你需要盯着你投资的公司，确保他们继续表现良好。

## 股息

下面我们来说点好玩的——怎么用股票赚钱。主要有两种方式。

**1. 股票价格上涨。** 假设你以15美元一股的价格买了（某只股票的）10股，也就是一笔150美元的投资。如果下个月这只股票的价格涨到了20美元一股，你的投资就变成了200美元。你挣了50美元！

**2. 投资会分红的股票。** 很多公司都会将部分收益分给投资者，以作为对他们成为持股人的回报。回报方式可以是发现金，也可以是分给持股人更多股票，这部分回报就叫红利。实际上，有些公司即便没有净盈利也会分红——为什么？也许是因为长期以来他们一直都分红，所以想保持这个传统。会分红的公司往往都是规模较大、相当知名的公司。

如果你在研究购买股票，记得看看会不会分红。能分红当然好，你就可以在股票价格振荡甚至下跌时，保证自己的投资得到稳定的回报。但是，也不要让分红成为你选择股票的唯一因素，你还要确保这只股票能满足调查清单里列出的其他标准，比如高收益，良好的成长性和稳定性，等等。

# 货比三家

赚钱二人组来提问了：你打算选择哪家投资经纪公司？

投资经纪公司有很多不同类型。20世纪七八十年代，收费很低的投资经纪公司很受欢迎。到了21世纪头十年，在线投资经纪公司如雨后春笋般冒了出来。现在甚至还有公司提供"机器人投资顾问"，实际上就是自动化的软件平台，可以为你制定投资策略，帮你做决定。到处看看，找出三家你觉得自己会选择的公司。

进行调研时，注意记录一下这些公司的服务费、佣金、最低余额要求和安全性（例如是否要求双重验证，包括用手机发送验证码）等事项。对新手投资者来说，最低余额要求和较低的服务费非常重要。但是，低廉的服务费和佣金通常意味着你需要自己做出更多的投资决定，投资顾问给的指导会很少。

## **低买高卖**

投资界有句话，叫作"低买高卖"。这个建议非常中肯，但说来容易做来难。心理和情绪的因素，在人们做决定时影响巨大。

例如在市场上行的时候，人们会越来越兴奋，会说："哇，看看这股市简直要疯啦。我得赶紧买！"于是在价格较高时买进。在市场下行时又吓坏了，说："趁还能抛得掉，我得赶紧卖！"于是在价格较低时卖出。

怎么才能避免上述情形呢？试试以你的调研为依据来做决定，同时也要有耐心。请记住：时间是站在你这边的。聪明的投资家都目光长远，放眼未来。还记得74页关于两次衰退的那张图吗？熊市之后，市场总是会回升的。如果你在市场下行时把股票卖了，你会损失不少钱。如果继续持有，就可能会挣到更多钱。

风险等级

**1 2 3 4 5 6 [7] 8 9**

# 私人股权投资

现在你知道了，在股票市场上投资，实际上就是在购买上市公司的股票，也就是那些在纽交所、纳斯达克或其他证券交易所上市了的公司的股票。但是那些没上市的公司呢？信不信由你，美国只有1%的公司是上市公司。也就是说，绝大部分企业都是私有的。这类公司包括你们社区里各种各样的小生意，比如保龄球馆、干洗店、小诊所等，也包括希望保持私有的大公司（可避免向公众披露财务状况），以及希望有一天能通过首次公开募股（IPO）上市的成长中的公司。

那么，有没有可能向这些私有公司投资呢？当然可以，通过私人股权投资的方式，可让投资者部分持有私有公司。但是，只有特定类型的投资方才有资格参与私人股权投资，例如保险公司、养老基金、基金会及非常富有的个人——因为最小投资额非常高。有些基金要求的最小投资额高达25万美元，有一些甚至超过100万！

你可能永远没机会直接投资私人股权，但仍然有可能间接投资，只要你参与了养老金计划（退休后仍能从雇主那里拿到钱）或是购买了保险。这类公司有很多都把所持的部分款项投在了私人股权基金上。

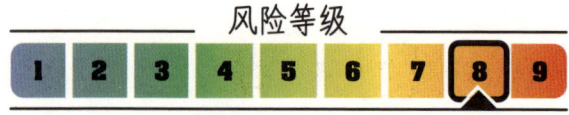

# 风险投资

　　私有领域的另一种投资类型，是风险投资。"风险"一词意味着要冒风险，也要敢于承担风险。基于这个定义，估计你能猜到，风险投资比大多数投资类型的风险都要高。这类投资者大多是在拿初创企业（见85页"什么是初创企业"）放手一搏，因为初创公司的财务状况和商业模式都还处于早期阶段，比较难以捉摸。

　　风险投资可以来自风险投资公司（也叫风投），也可以来自净资产很高的个人。投资通常都是注入现金，但也有以知识产权和专业技能的形式进行的。很多时候，风投公司都会在所投资的初创企业的董事会占有一席之地，以为年轻的公司提供一些指导。

　　既然风险投资的风险非常高，为什么还有人投呢？这就要归结到"高风险、高回报"的规律上去（见37页）。虽然风险投资的风险高于比大部分投资，但潜在回报也同样高于大部分投资。风险投资选中的初创企业大多是由很年轻、较缺乏经验的企业家经营的，也有可能在推销从未见过的新产品、新服务。如果新公司干得好，投资者就可能赚大钱。但如果新公司失败了，投资者会损失巨资，也会浪费很多时间。

很多广受欢迎的技术公司一开始都得到了风险投资的帮助，比如脸书、推特和谷歌等。但是，每一个依靠风投取得巨大成功的公司背后，都有很多公司倒在了前行的路上。

## 财富奥秘：上市

一家公司通过首次公开募股上市，可是件相当重要的大事。首次公开募股让私有公司变成上市公司，让公司可以在股票市场上公开交易，募集资金用于扩张。

上市是从这家公司在证券交易所敲钟开始的。你得敲至少10秒钟，否则下面的交易人员就会嘘你。

证券交易所会提前进行充分准备，确保一切都顺利进行。上市前，分析师与承销商会一起确定新股票的价格。股票加进交易所名单之后，平均要十多分钟才能让价格稳定在某个数字上。从这时候开始，这只股票就可以正式交易了。

## 投资还是不投资

我们来玩个小游戏吧。帮助赚钱二人组决定他们应该投资下面哪些商业创意——回答是投资还是不投资。这些想法都来自真实案例,有些得以成功实施,另一些则一败涂地。

1. 可连接无线网络的榨汁机。
2. 车载调味汁容器。
3. 评价人们的社会影响力的系统。
4. 可以用指纹打开的挂锁。
5. 用在厕所里的夜灯。
6. 应用程序搜索引擎。

根据这些产品的描述,你会推荐赚钱二人组投资什么?完成后跟下文对照,看看这些真实的创业项目结果如何:

1. Juicero 榨汁机——失败。
2. Saucemoto 车载蘸料夹——成功。
3. Klout 社交影响力打分平台——失败。
4. BenjiLock 指纹自行车锁——成功。
5. IllumiBowl 马桶发光装置——成功。
6. Quixey 应用程序搜索引擎——失败。

## 什么是初创企业

听到初创企业的时候你会想到什么？你也许会想到硅谷，想到网飞、谷歌等高科技公司。这些是优秀的例子，但是还有很多初创企业既不属高科技行业，也不在硅谷。

初创企业基本上就是年轻公司，由几个创始人成立，他们的创业理念一般都很新颖前卫。这类公司起步时规模非常小，员工数量可能刚刚够测试产品和商业模式。这些公司都希望自己的产品会大受欢迎，以获得进一步成长的空间。

初创企业一般会致力于解决某个问题，或是满足某个目前还未能被其他公司满足的需求（见第10页的"烦恼清单"）。很多初创企业都是围绕某种新技术建立起来的，也会努力注重社会效益。例如，或许会有一家初创企业致力于寻找新的交通运输方式——既便宜，又对环境更友好。

初创企业粗具规模后，通常都需要外力协助才能打下自己的一片江山。风险投资就是这时候入场，提供资金、资源和专业技术支持的。

在初创企业工作也许会像打了鸡血一样，但压力也非常大。没有谁能保证创业一定就能成功，也确实有很多创业失败的案例。有些成功的初创企业会被大公司收购，或者通过首次公开募股成为上市公司。

下面这些很受欢迎的公司，都是从初创企业一步步发展壮大起来的。

- 优步（Uber）
- "阅后即焚"照片分享应用程序（Snapchat）
- 爱彼迎（Airbnb）
- 优兔（YouTube）
- 照片墙（Instagram）

告诉你一个小秘密：多年来，我们曾在好几家初创企业工作过。艾莉森在电子杂志和在线票务公司当过项目经理，而我为某脑力训练公司和某运动手表公司做过市场推广。说不定有一天，你也会在一家初创企业工作，甚至自己创建一家！

## 财富回忆录：失败的初创企业

说起初创企业，大多数人往往想到的都是极为成功的案例。但是，大部分初创企业都没有 Instagram 做得那么好，这也是投资初创企业风险超高的原因。下面给出了几个创业失败的例子，都是规模很大、损失惨重的：

**Munchery：** 获得了 1.17 亿美元的资金，但还是因为在外卖领域竞争对手太多而关门了。这家公司 2010 年开张，2019 年关闭。

**Jawbone：** 销售能跟踪身体状况的可穿戴设备、头戴式电话、无线扬声器等，是史上耗资最大的失败创业项目。公司经营了 17 年，曾经有将近 10 亿美元的资金。

→ **Pets.com：** 是2001年互联网企业倒闭潮中非常有名的初创企业。这家公司没能找到运送大袋装的宠物食品和垃圾且能赢利的运送方式。到头来，其最深入人心的产品是电视广告上的手指木偶。

## 房地产、艺术品和收藏品

还有一种投资类型是购买实物资产，例如房地产、艺术品和收藏品。

人们投资最多的实物资产是房地产。买房子的时候，你会希望这个地方住起来很舒服，同时希望房子能升值。如果房子升值，你的房产净值（你的房产价值减去你贷款没还完的钱）也会增加。比如说，如果你的房子估价20万美元，贷款是15万美元，那你的房产净值就是5万美元。

你还可以购房出租，也就是说，你买下独立住宅或者公寓，然后租给租客。你不仅能在房子升值时挣到房产净值，还能挣到租金。

还有一些实物资产也可以投资，就是艺术品和收藏品。有些人买艺术品只是因为觉得这些艺术品很美，很喜欢。但是，如果艺术品价格上升，也可以成为投资品。（《蒙娜丽莎的微笑》虽然买不到，但估值将近10亿美元！）收藏品就是非常少见甚至独一无二的物品，其价值也会随着时间的推移越来越高。棒球卡、漫画书、邮票和硬币，都是人们会收藏的东西。

但是也要知道，并非所有实物资产都是投资品。你买的新车，只要开出经销商的停车场，就开始贬值了。

 **财富回忆录：著名收藏品**

如果你想知道收藏品有多贵，就看看下面这些物品的成交价格吧。

➡ **漫画书**：《动作漫画》创刊号（最早引入超人角色的漫画），320万美元。

➡ **棒球卡**：1909年的印有美国职业棒球选手霍努斯·瓦格纳的卡片，312万美元。

➡ **橄榄球卡**：1935年的印有美国橄榄球联盟运动员布隆科·纳古尔斯基的卡片，24万美元。

➡ **邮票**：英属圭亚那1分钱洋红色邮票，900万欧元（约合1016万美元）。

➡ **硬币**：1794年的飘发自由女神1美元硬币（美国联邦政府发行的第一种1美元硬币），1000万美元。

➡ **油画**：达·芬奇画作《救世主》，4.5亿美元。

➡ **房产**：纽约市中央公园南街顶层豪华公寓，2.399亿美元。

你可能永远也不会拥有这些举世罕见的收藏品，但也许有一天你会碰到其他举世无双、有巨大升值空间的珍品。

风险等级 1 2 3 4 5 6 7 8 **9**

# 天使投资

有一种投资类型风险最高，回报也最可观，就是天使投资。说到天使的时候你会想到什么？你很可能会想到那些神通广大的生灵，长着翅膀，抱着竖琴，头上还有一圈光环。他们来自天堂，小心照看着你的一切，还会在你陷入麻烦时伸出援手。

天使投资人要干的事情也差不多，只不过没长翅膀。他们照看、帮助和指引年轻企业家度过初创企业的早期阶段。这种投资类型跟风险投资尽管非常相似，但还是有些不同。主要的区别有：

➡ **谁来投资**：风投通常用的不是自己的钱，而是来自投资公司的钱。而天使投资人通常都是富有的个人，用他们自己的钱投资。

➡ **什么时候投资**：风投通常在公司粗具规模之后才会投资，而天使投资会出现在初创企业极早期的阶段，也就是那些新公司还在努力证明自己的商业模式的时候。

➡ **投资额**：风投一般每次投几百万美元。而天使投资因为用的是个人自己的钱，风险也更高，所以一般每次只会投入几十万美元。但这已经是一笔巨款了！

# 评定投资等级

赚钱二人组想投资,但是他们对风险和回报的了解没有你多。你能帮忙评估下面的投资吗?

按从1(风险最低,回报也最低)到6(风险最高,回报也最高)进行评级排序。你可以查看53页和67页对风险等级的描述,来帮助你完成任务。

- 定期存款
- 新上市公司的股票
- 百年老店的股票
- 国库券
- 高评级债券
- 彩票

帮助赚钱二人组评定完投资等级,可以看看本页底部的正确排序结果。

1. 国库券
2. 定期存款
3. 高评级债券
4. 百年老店的股票
5. 新上市公司的股票
6. 彩票

天使投资人希望能从投资中得到至少20%的收益。有时候他们的收益能高于这个数，有的时候也血本无归。

为了成功，天使投资人必须做大量的调查研究。而在投资之后，他们通常也必须花大量时间为初创公司提供专业的技术和建议。

## 要点回顾

本章中我们学习了高风险、高回报投资领域的方方面面，你觉得这个领域有趣吗？下面这些要点需要牢记。

- ☑ 金融界喜欢用动物来描述市场：熊市、牛市、黑天鹅事件（见70—72页）。我的天！
- ☑ 天使投资说的不是去买竖琴和翅膀什么的，而是一个很有钱的投资家把自己的钱投入一个非常早期的新公司，帮助这家公司起步（见89页）。
- ☑ 现在你知道怎么买第一只股票啦！你要先在投资经纪公司开个户，做些调研，然后在线购买单只股票，或是直接买基金（见75页）。

# 第六章

# 分散投资

你现在知道了低风险投资与高风险投资之间的区别,那怎么才能确定什么投资对自己最好?这里介绍一个很多精明的投资者都在用的策略——分散投资。

你多半听过这样一句俗话:"不要把所有鸡蛋都放在一个篮子里。"这句话可以追溯到17世纪,说的是农民去鸡窝里捡鸡蛋的事儿。如果农民把所有鸡蛋都放在一个篮子里,结果一不小心篮子掉地上了,那所有鸡蛋就全都没了。但是,如果农民把鸡蛋分装在好几个篮子里,就算其中一个篮子掉了,也还有其他篮子里的鸡蛋。不错吧!

分散投资背后也是这个思路。你把钱分散开来,这里投一点那里投一点,这样就算其中一笔投资表现不佳,也还有其他投资可以赚钱。下面我们就来讨论如何分散投资,比如拿一笔钱购买持有多只股票和债券的基金。

# 什么是分散投资

信不信由你，从一个著名的童话故事中，你能学到关于投资最有价值的经验教训。读过《金发姑娘和三只小熊》吗？金发姑娘尝粥的时候，熊爸爸的太烫了，熊妈妈的太凉了，只有熊宝宝的刚刚好。

这跟投资有什么关系呢？嗯，就是在投资的时候，关于风险和回报的问题，你既不能期望值太低，也不要期望值太高——要像熊宝宝的甜粥那样，"刚刚好"。

投资的时候怎么才能"刚刚好"呢？归根结底，就是要分散投资（不要把所有鸡蛋都放在一个篮子里），也就是让你的投资多元化。要做到这一点，就要注意你的**资产配置**。资产配置的意思是，好好检查一下你在不同的投资类型上分别投了多少钱。

要确定你的资产配置是否良好，需要考虑的因素有：你的年龄，你对风险的耐受程度，离你退休（或者需要动用这些钱的时候）还有多少年。最重要的因素是你的年龄。越是年轻，就可以投越多的钱在高风险、高回报的投资项目上，因为你有更多时间从损失中恢复元气。

可以参考下面的计算公式：

100－你的年龄＝持有的股票资产占你总资金的百分比
而剩余的资金可进行债券以及其他低风险的投资。

我们来看几个应用这个计算公式的例子。如果你现在10

岁，那你可以将资金的90%投到高风险的股票上，10%投到债券和其他低风险投资上。到你50岁的时候，就可以把资金的50%投到股票上，另外50%投到债券上。（也就是说，到你100岁的时候，你应该把钱百分之百投到债券和低风险投资上！）

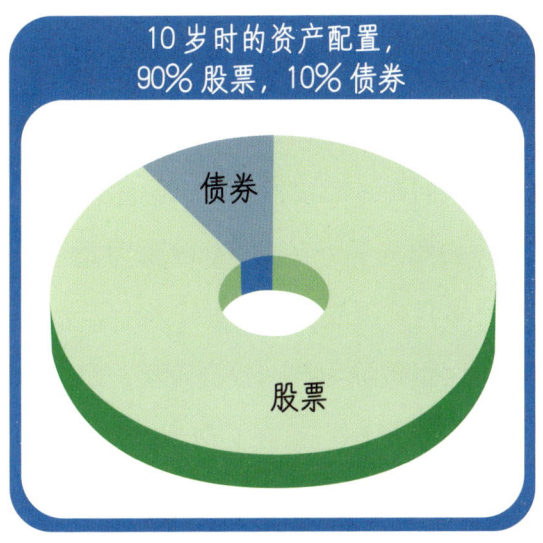

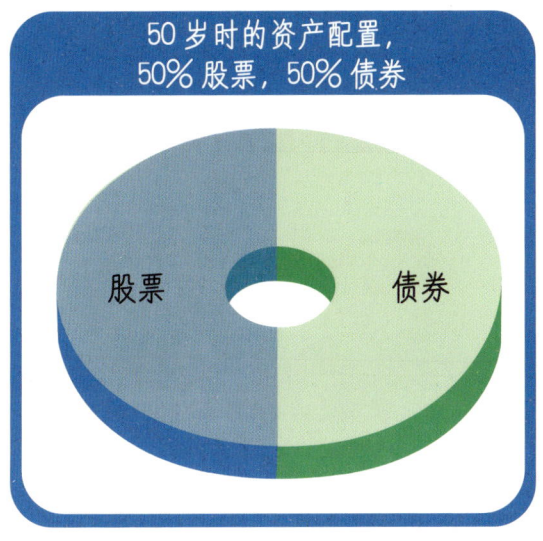

这几张饼图给出了这两种资产配置的具体情形。如果把这些饼图比作比萨，那你 10 岁时只有 1 片"债券"，而到你 50 岁时就有半张"债券"了。

先别急，你还有任务要完成呢——继续分散你投在股票上的那 90% 的资金。你可以通过购买多个领域的多家公司的股票，来让这部分投资多元化。如果你只买了一家公司的股票，就等于是把 90% 的钱都放在了一个篮子里！

做到这一点有个很简单的办法，就是购买**指数基金**。还记不记得第五章我们说过股票指数，比如标普 500？（见 69 页）你可以买一份覆盖了所有这 500 家公司股票的基金，那就等于把好多好多只鸡蛋放进了好多好多个篮子里！

这个办法有时候被称为被动投资策略，跟主动投资恰好形成了鲜明对照。如果你一直在买进卖出几家公司的股票，你就是在主动投资。与此相反，如果你买进的是多元化的投资了多只股票和债券的基金，持有很长时间静待升值，你就是在被动投资。这也叫"买入并持有"策略，是非常流行的投资方式。就连沃伦·巴菲特都建议大部分投资者这样做呢。

# 混合搭配

赚钱二人组又向你发起了挑战：找出跟你的兴趣相符的上市公司。要想知道你可能适合投资什么公司，这是个很好的起点。

1. 列出 5 到 10 个你感兴趣的事项或爱好。你可以先想一想自己对什么感兴趣，比如自行车、电子游戏、漫画书和桌游。

2. 找出跟你的兴趣爱好相符的上市公司。假设你找到了两家自行车公司，分别叫"大轮子"和"搓板路"，就可以搜一下这两家公司的股票代号，看看是否已经公开上市了。

列出了跟你的兴趣相投的上市公司，就做些相应的调研，看看自己想不想进行投资。

# 交易所交易基金

在了解过跟分散投资和指数基金有关的内容后，你可能会想，听着很不错啊，但是怎么购买呢？

最简单的方法之一是投资交易所交易基金（ETF）。交易所交易基金是股票、债券和其他多种投资类型的组合，你可以像买公司股票那样，一只一只地直接购买。

比如说，你想投资标普500中所有公司的股票，你不用分别购买这500家的股票，那可得花老多工夫了！实际上，你可以直接购买标普500交易所交易基金。

更棒的是，交易所交易基金什么组合和大小都有，涉及各种股票、债券、行业（或者说领域）和商品（例如贵金属），应有尽有。比如：

➡ **股票类交易所交易基金**：标普500、罗素2000（2000只小市值股票构成的市场指数）、纳斯达克100（在纳斯达克上市的规模排前100家科技公司的股票）。

➡ **债券类交易所交易基金**：联邦政府债券、大型公司债券、地方政府债券、高评级债券、高收益债券。

➡ **行业类交易所交易基金**：生物技术、能源、金融服务、**房地产投资信托（REIT）**。

➡ **商品类交易所交易基金**：石油、天然气、金、银。

由此可见，用这些基金来让你的投资多元化相当简单，投资交易所交易基金也很简单。你可以像研究公司股票那样去研究它们，也可以用你在投资经纪公司的账户直接购买。但还是要确保有大人帮助你，监督你的投资哟！

约翰·"杰克"·博格尔（1929—2019）是著名投资家、商人、慈善家。他于1974年创立了领航投资，最终成为金融界最大的共同基金发行方，也是第二大的交易所交易基金发行方。1999年，《福布斯》杂志称他为"20世纪四大投资巨人之一"。

还记得指数基金吗？博格尔就是最早创立指数基金的人！这种基金改变了人们的投资方式，让个人投资者很容易进行分散投资。诺贝尔经济学奖得主、经济学家保罗·萨缪尔森把创立指数基金比作发明"轮子、字母表和印刷术"。

博格尔在领航投资的理念是为投资者提供低成本的投资选择。他信奉用**平均成本法**（把总投资分割为小份额的周期性投资的投资策略）进行长期投资，以及用股息或红利再次投资。他心目中理想的投资产品是能让投资者终身持有的低成本的指数基金。博格尔策略的追随者被称为"博格尔信徒"。

# 共同基金

想要一次性进行大量的各种类型的投资，还可以投资共同基金。跟交易所交易基金类似，共同基金也是让你单次购买就能得到多只股票、债券和其他投资类型的组合。

你可能会问，共同基金和交易所交易基金有什么区别？问得很好，这两者确实很相像。主要区别在于，交易所交易基金是被动管理的，而共同基金是有基金经理主动管理的。

交易所交易基金是用来跟踪特定指数（例如标普500）或特定行业（例如石油和天然气）的，因此不需要专门的基金经理来做任何决定。但是，共同基金需要基金经理做出决策，用基金中的钱买进或卖出哪些投资项目。

这就意味着投资共同基金时，你需要支付的服务费率和手续费率要高一些，因为你在花钱请专家做决定。这听起来有点儿不划算——我为什么要把辛辛苦苦挣来的钱多付给人家啊？我们来好好想想吧——有时候，即使交易费用更高，共同基金的表现也会大大优于交易所交易基金。这也凸显了做好调查研究的重要性。

对投资新手来说有一种共同基金很有用，就是养老目标基金。你选好打算退休的年龄，基金就会针对你的年龄自动设定并更新最适合的资产配置。如果你愿意多支付一点管理费用，那么用这种方式分散投资、得到合适的股票和债券组合，就再容易不过了。

# 多元化投资

赚钱二人组需要你伸出援手！他们想分散投资，让自己的投资多元化，但不太清楚具体该怎么做。

我们来帮忙规划一下吧！还记得那个资产配置的计算公式吗？

100 − 你的年龄 = 持有的股票资产占你总资金的百分比

如果赚钱二人组均为30岁，那么他们的资产配置就应该是70%的股票加上30%的债券及其他低风险投资。

如果他们有1000美元可以投资，就应该将700美元投在股票上，将300美元投在债券和其他低风险投资上。

他们的投资选项有下面这些。要确保资产配置是合适的，你会如何继续帮他们分散投资？询问家里的大人，看是否同意你的看法。

股票（合计700美元）：

➡ 单只的公司股票 ＿＿＿＿＿＿＿ 美元

➡ 标普500指数基金 ＿＿＿＿＿＿ 美元

➡ 2050养老目标基金 ＿＿＿＿＿＿ 美元

债券及其他低风险投资（合计300美元）：

➡ 网络储蓄账户 ＿＿＿＿＿＿ 美元

➡ 国库券 ＿＿＿＿＿＿ 美元

➡ 高收益债券 ＿＿＿＿＿＿ 美元

## 财富奥秘:"开火"运动

你想不想三四十岁就退休,余下的时间去旅行,去做有趣的事情?一个名为"开火"[FIRE 是 Financial Independence, Retiring Early(经济独立,早早退休)的缩写]的运动,秉持的就是这样的理念。

越来越多的人不希望余生都在高强度的工作中度过,因此"开火"运动在 2010 年左右如火如荼地开展了起来。艾莉森和我在 2015 年,也就是我们四十多岁的时候实现了"开火"的目标,现在我们可以四处旅行,写写书,开心极了!

"开火"的目标是,存下至少是你的年度开支 25 倍的钱并拿出来投资。如果你每年要花 5 万美元,那就要存 125 万美元。

这笔钱看起来好像是"巨款"(的确不是个小数目),但是,如果你从小就开始精明地投资(读完这本书你就有能力这么做了),很容易就能达到这个目标。另外,如果你生活节俭,也就是说把钱都花在刀刃上,也会很有帮助。

## 要点回顾

本章我们讨论了分散投资的重要性。下面这些要点你要牢记。

- ☑ 分散投资，让你的投资多元化，就好像不要把所有鸡蛋都放在一个篮子里一样（见 94 页）。
- ☑ 购买交易所交易基金让你很容易就能将投资分散至整个股票指数或经济门类（见 98 页）。
- ☑ 共同基金跟交易所交易基金类似，但是购买需要多付点钱，因为有专人管理（见 100 页）。

# 第七章

# 钱生钱

读了前面六章,你掌握的投资知识已经比绝大部分同龄人(甚至很多大人)都多了!在最后这一章,我们会告诉你,怎么去付诸实践,不管是现在还是将来。

我们来看看,如果你从很小就开始存钱、投资、让钱生钱,你的人生道路会怎么展开。我们会从你现在就能做的事情开始,比如怎么挣更多的钱,怎么开储蓄账户,怎么关注股票市场。

等年龄再大一些,你的目标可能会变成买车、上大学、创业等。再过些年,你可能会想买房,想帮助自己的孩子上大学。你也可能期待自己像我们一样早早退休!从小时候就开始投资,不但能让你早日达成目标,还能帮你实现更多的梦想。

# 现在能做什么？

成功人士（尤其是投资者）总是会为自己设定目标。试试把设定投资目标想象成一场公路旅行。如果你不知道目的地，那就很难抵达。你的公路旅行很可能会困在原地，直至走进死胡同。但是，如果你知道自己要去哪儿（有目标），你就可以制定路线图，安全高效地抵达。

虽然你年龄还小，但现在就可以提前行动起来，为投资未来做准备。就从接下来这几年开始好了。你可以设定挣钱、存钱的目标，并针对一些投资类型做些调查研究。

你的目标应该有个具体金额，还得有个时间期限。设定目标后，你就可以制定达成目标的具体步骤了。而想要达成较难的目标，你就要将其细分成几个简单的小步骤。

这里有一个例子。假设说你想制定一个挣钱的目标。你可以把目标设定为接下来的12个月里挣够500美元。这个金额很具体，时间期限也很明确。有了目标之后，我们就可以设想一下完成目标所需的步骤了。

**步骤1：想出挣钱的法子**。列出所有你有可能额外挣些钱的方式。提供服务是个好点子，而你也许能提供的服务有遛狗、看小孩、修剪草坪、跑腿等。

**步骤2：找到客户**。就你能提供的服务来说，最合适的客户是住在你家附近的人，或者你经常联系、经常打交道的人。说不定你哪家邻居出于身体原因或者太忙的缘故，会很愿意接受你的帮助。

**步骤 3：推销你的服务。**向潜在客户说明你能提供什么服务，告诉他们为什么你觉得自己能做得很棒（你非常喜欢狗，或是你总在照顾自己的小弟弟，有看护小孩的经验，等等），报上合理的收费价格。

**步骤 4：让客户开心。**把活儿干好，谢谢他们给你这个机会。这样他们日后还会找上门来，雇你做同样的事情或别的什么。

**步骤 5：请客户帮忙推荐。**如果客户对你的服务很满意，顺便问问他们是否能把你推荐给亲朋好友。这就是"口碑"，也是一种广告方式，能帮你发掘潜在的客户。

关于如何存钱和投资，你可以用同样的办法来设定并分解目标。

## 财富真人秀：马克·丘班

你也许知道，马克·丘班是美国职业篮球联赛达拉斯独行侠队的所有者。2000 年，他花 2.8 亿美元买下了这支球队，到 2019 年，这支球队的身价变成了 22.5 亿美元。也许你是从美国广播公司的真人秀节目《创智赢家》知道他的，从 2011 年到 2020 年，他通过这档节目向 80 多家小企业投资了 2000 万美元。

据估计，2019 年丘班的身家达到了 43 亿美元，而他也一直都是以企业家的身份自称。他的理念是，寻找需求，并赶在他人之前去满足这些需求。12 岁时，他向邻居出售垃圾袋，6 美元一包。16 岁时，当地的报社罢工了，丘班便开车去俄亥俄州的克利夫兰，买了报纸拉回宾夕法尼亚州的匹兹堡卖，往返行程超过 400 千米！

20 世纪 80 年代末，丘班创立了一家名叫"微解决方案"的公司，1990 年卖了 600 万美元。后来他又开创了播出体育赛事的网络服务，1999 年被雅虎以 57 亿美元收购。

## 梦想要远大

开始挣钱和存钱只是你理财道路上的头几步，却是你在投资中大获成功的基石。

现在来看，你可能会觉得自己可用于投资的存款太少了。别灰心！现在你的主要目标是学会投资的基本操作方法。记住，复利会让你的存款在一段很长的时间里越变越多。

你可能会问：存起来的钱我能不能先花一部分，还是说必须放眼未来，把所有的钱用于投资？我们想告诉你的是，积累财富的意义之一就是，能够时不时地享受财富带来的好处。这也是为什么我们说设定理财目标非常重要。这里有个很好的策略，即为你人生的不同阶段设定不同的目标，比如你想挣多少钱，想存多少钱，以及在你的人生道路上，你想要实现什么远大梦想。

怎么才能知道自己是否有能力实现那些远大梦想呢？先弄清楚要实现梦想需要付出什么，然后再逆向思考和行动。参考上一节中设定挣钱目标的办法（见 106 页），写出分解步骤，这样你不但能成功实现理财目标，还能梦想成真。

现在我们来放松一下，想想你在人生的不同阶段，会有什么样的远大梦想。每个人的梦想都有所不同。你可能会想要一座大房子，最豪华的跑车，而他可能更喜欢存够钱去环球旅行，世界那么大，他想去看看。

就从你十岁的时候开始吧。你也许会对电子游戏、自行车、运动器材、电脑感兴趣，要不就是畅想着买下第一辆汽车。有很多轻松又激动的事情还等着你去经历，比如音乐会、公路旅行、体育比赛等。还要记得存够大学学费！

到你二三十岁的时候，你的目标就会不一样了。比如说，你会想拥有自己的公寓或独立住宅，希望家具都美观实用，可能还想换辆好点的车。如果结婚了，你可能想好好规划一下婚礼和蜜月旅行。这也是到处旅行、探索世界的好时候。

如果你现在就开始投资，那么到你四五十岁的时候，无论是对你还是家人来说，你的经济状况料定会相当不错。如果你愿意，你可以提高你们的生活条件，换个更好的房子。

# 看看水晶球里的未来

赚钱二人组深信，有人生目标是好事儿。他们希望你好好想想，到 20 岁、30 岁、40 岁和 50 岁的时候希望自己达到什么水平。你可以思考以下几个问题：

➡ 你想在哪里生活？可以是另一个国家，或另一座城市，可以是海边，也可以是山里，甚至是外太空！

➡ 你想成为什么人？工程师、音乐家、政治家、野外向导、企业家……

➡ 你想跟什么人生活在一起？是你的人生伴侣、你的孩子、室友，还是朋友？

➡ 你希望自己有些什么爱好？水肺潜水、旅行、体育运动、写作……

将自己的目标填在下面这张表格里。没人要求你必须实现这些目标，天马行空、自由想象就好了！

| 年龄 | 在哪里生活 | 成为什么人 | 跟谁生活 | 爱好 |
|---|---|---|---|---|
| 20 岁 | | | | |
| 30 岁 | | | | |
| 40 岁 | | | | |
| 50 岁 | | | | |

你也可以去更多的地方旅行。我和艾莉森已经去过 30 个国家了，而且我们还在计划着，到 60 岁的时候游历完 60 个国家！

如果你一直都在很明智地投资，那无论你喜欢做什么，60 岁以后，你应该都有条件好好享受，因为那时候，钱已经不成问题了。

## 成年

如果说现在就去投资对你有些困难，不用担心！到你 18 岁成年之后，这件事就会变得简单多了。

首先，你不再需要有大人监督才能开设账户，才能做出投资决定。不过也要记得，调查研究始终都是要做的。有了稳定的工作，就会有稳定的收入来源。你可以将这笔收入的一部分存起来，定期进行投资。

在美国，很多人都是通过所在公司的 **401（k）** 计划开始投资的，这也是最常见的一种方式（见 113 页"什么是退休基金"）。你的雇主可能会将你收入的一小部分自动投到这个计划里去，你可能都不会注意到你拿到手的薪水减少了，但随着时间一天天过去，你会很乐意看到这笔钱越滚越大。有时候你的雇主甚至会为你缴纳部分金额，就是说你交多少公司也会给你交多少，这些钱可是白得的哟！

等年龄再大一些，你也可以试试风险更高、回报也更高的投资，比如投资房产用于出租，乃至自己创业。说不定你想在网上开一家漫画书店，或是在你们社区开一个修手机的小店——祝你梦想成真！

自己创业就相当于在你自己身上投资。如果创业成功，你的企业能够赢利，你就通过自己的学识、研究和努力工作获得了回报。二三十岁就创业还有个好处——就算你的投资回报不佳，你也有充足的时间东山再起，从头再来。

 **财富奥秘：早日退休的法则**

人们怎么才能知道自己存的钱够不够退休后花呢？事实证明，你可以遵循几个"法则"。

第一条叫"4%法则"。这条法则是说，如果你每年从存款里取出不超过4%用于开支，你的钱很可能会用不完。比如说，假设到你45岁的时候，所有的存款和投资加起来是100万美元。如果你每年的开支不超过4万美元（100万的4%），那么这笔钱几乎就足够你退休后的生活费了。

还可以从另一个角度想一想，就是"乘25法则"，即你的存款至少要是你年开支的25倍。如果你一年要花5万美元，那你就要力争存够至少125万美元。

# 什么是退休基金

IRA、401(k)、SEP、403(b)——这些可不是《星球大战》里新机器人的名字，而是美国不同类型的退休账户。

退休账户是为了方便你为未来投资而出现的项目，其中比较常见和传统的就是401(k)和IRA个人退休账户。这类账户可以用于投资股票、债券、交易所交易基金和共同基金。

401(k)是由你的雇主提供的退休计划，你可以设定把薪水中的一小部分定期自动投进去。IRA个人退休账户与此类似，但它里面只有你自己存进去的钱。退休账户可以是这类传统的账户，也可以是罗斯账户（一种个人免税退休账户），只有在为账户里的钱缴税时才会体现出两者的差别。

这些账户用起来有一些规定。比如说，你必须等到年满59岁半才能把钱取出来（否则要缴纳10%的罚金）。为什么要设立退休账户呢？因为这些账户让投资更简单，也让你能利用复利这个方法。还有一个好处就是：一旦你开设这些账户，它们就会自动开始起作用，就像自动驾驶一样，所以投资者称其可以"设置好就忘掉"。

## 做足准备,早早退休

赚钱二人组想帮助你达到 45 岁就早早退休的目标。假设到那时,你已经存了 150 万美元。根据 4% 法则,你每年可以安安心心地取出来 6 万美元(或者每个月 5000 美元)。

这个游戏可以帮助你做好预算。如果你想早日退休,你可能就得减少某些方面的开支。你需要遵循下面的规定:

1. 住房、交通、食品、娱乐这几项,每项下面你只能选一样。

2. 你每月的总开支必须控制在 5000 美元以内。

现在来看看要达到目标你必须怎样选择吧。做足准备,早早退休!

| 住房 | 交通 | 食品 | 娱乐 |
| --- | --- | --- | --- |
| 独立住宅 2500 美元 | 运动型多用途车 2000 美元 | 去餐馆 1500 美元 | 旅行 500 美元 |
| 小区住宅 2000 美元 | 电动汽车 1000 美元 | 去餐馆和自己做饭各占一半 1000 美元 | 活动(听音乐会、看演出和比赛)300 美元 |
| 公寓 1500 美元 | 滑板车 50 美元 | 自己做饭 500 美元 | 电影 100 美元 |

## 年过花甲

学完了所有这些投资方法后，你可能会想，最终目标究竟是什么？实际上，最终目标完全由你自己决定。每个人都有不同之处，每个人也都有自己与众不同的人生目标。

想一想你这一生都有哪些想要做的事。虽然钱不能买来幸福，但钱可以为你和你所爱的人提供更舒适、更惬意的生活条件。就算是为了找乐子，现在我们拿出水晶球，试试看能不能看到我们的未来。

你想让孩子不用贷款就能上大学吗？这是一个投资项目，叫作529计划，可以帮助你存够孩子上学的钱。这个计划就像401(k)一样，可以让你投进去的钱延期纳税（就是说这部分税款你能日后再缴）。提供受教育的机会，是你能为所爱的人准备的最好的礼物了。艾莉森的爸妈存够了钱送她上大学，这就帮助她做好了准备，去迎接她这一生里那么多成功的机会。

你想年纪轻轻就能退休吗？尽管大部分人都要等到65岁再退休，但你也可以55岁就退休，或者45岁就退休，就像我和艾莉森一样。如果你从小就开始存钱和投资，就很有可能早早经济独立，这会给你带来自由，让你可以随心所欲，放心追梦，敢于冒险。也许你想买一辆房车，开着它走遍全国各地。也许你想在60岁之前去60个国家，就像我和艾莉森想的那样。

你想让世界变得更美好吗？我们谈过一些你能带来改变的方法。比如说，你可以投资那些"绿色"公司。把你的时间和资源奉献给对你有意义的事业，同样可以带来积极影响。

如果你开始存钱、投资，达成以上目标对你可能轻而易举。要成为聪明的投资家，你不需要成为金融分析师，也不需要成为经济学家。下面这些电视、电影和音乐界的名人，通过明智地投资，增加了自己的财富。

- **阿什顿·库彻**：美国演员，硅谷投资人。
- **贾里德·勒托**：美国演员、歌手，投资咖啡、床垫和科技公司。
- **约翰·莱金德**：美国歌手，投资服装、在线零售、滤水产品。
- **里斯·威瑟斯庞**：美国演员，投资制片公司和服装生产线。
- **阿诺德·施瓦辛格**：美国演员，投资房地产、餐馆和投资公司。
- **杰西卡·阿尔巴**：美国演员，投资日用品和护肤品。

投资需要做很多工作，也需要付出很多努力，但如果你把从这本书里学到的东西都付诸实践，你就会在经济方面立于不败之地。就好像童话故事里说的那样："……从此你过上了幸福的生活！"

##  财富创造价值：未来

本章我们设定了人生目标，也畅想了60岁以后的生活。这会儿再来想象一下，如果现在我们正身处你90岁的寿宴上！关于你这一生，亲朋好友会怎么说？

这就叫你的遗产，也就是你希望自己怎么被记住，你给未来的子子孙孙留下了什么。也许人们会记住你是个伟大的领导者，是冒险家，是创新者，或者艺术家。

你可以通过以下方式在这个世界上留下印记。

➡ **工作：**成为你所在领域的领导者和开拓者。

➡ **慈善：**当志愿者，为慈善事业和你信奉的其他事业做贡献，指导年轻人。

➡ **创作：**给这个世界带来新事物（比如艺术品、著作和企业）。

到了晚年，你甚至可以成立慈善基金会，提供补助金、资助和奖学金。这可以让你多年辛苦挣下的钱产生持久的影响。

## 要点回顾

　　这一章我们考察了存钱和投资会对你的一生有什么帮助。下面这些要点需要你记住。

- ☑ 为了达到你的理财目标,你可以制订分步骤进行的计划(见106页)。
- ☑ 在每个人生阶段,设定不同的目标,实现远大的梦想(见108页)。
- ☑ 从小就开始投资会帮助你过上想要的生活,过上幸福的生活(见115页)!

# 测测你的专业知识

最后，赚钱二人组想看看你从这本书里都学到了多少知识。

1. 最早的硬币出现在什么地方？（　）

A. 吕底亚

B. 伦敦

C. 利比亚

2. 复利的公式是什么？（　）

A. $P \times (1+n)^i - P$

B. $N \times (1+i)^P - P$

C. $P \times (1+i)^n - P$

3. 在做投资调查时，不应该用到什么？（　）

A. 收益成长性

B. 你的直觉

C. 稳定性

4. 对高评级债券，下面哪句话是对的？（　）

A. 评级为 BB 或以下

B. 风险比高收益债券低

C. 有时称为"非投资级别债券"

5. 下面这些投资类型哪一种的风险最高？（　）

A. 垃圾债券

B. 标普 500 指数基金

C. 初创企业

6. ETF 代表什么？（　）

A. 交易所交易基金

B. 很容易交易的基金

C. 交易所转让基金

7. 对 401（k）计划，下面的说法哪个是错的？（　）

A. 有税率优惠

B. 由你的雇主管理

C. 任何时候都可以提取，也不必支付任何罚金

　　就算有些你不太记得了，也不用担心。投资是一个终身学习的过程！

答案：1.A 2.C 3.B 4.B 5.C 6.A 7.C

# 词语表

**401（k）：** 由你的雇主提供的退休计划，让你可以把钱从薪水中转移到投资账户中。

**被动收入：** 不用主动做什么就能挣到的钱。

**本金：** 你投资的钱在开始挣利息前的原始数额。

**定期存款：** 银行和信用社推出的一种有明确期限的金融产品，通常利率也是固定的。

**房地产投资信托（REIT）：** 有时候也叫"房地产股票"，是持有并管理房地产和房屋抵押贷款的公司。

**股票指数：** 可用来衡量股票市场行情的变动情况，例如道琼斯工业平均指数、纳斯达克综合指数等。

**国内生产总值（GDP）：** 给定期间在一国范围内生产的所有已完工产品和服务的货币价值。

**利润：** 公司销售收入减去开支。

**利息：** 借钱的成本。对存钱的人来说，这是因你把钱借给银行而获得的金额。

**流动性：** 在任意给定时间把钱从某项投资中提取出来的能力。

**美联储：** 美国的中央银行，创立于1913年，负责管理全国的货币政策，监督银行业的各项规定。

**平均成本法：** 一种投资策略，指的是投资者将投资总额分割，周期性购买一笔资产（例如每周或每月投入一笔钱）。目标是在不同价格点购买这笔资产，这样就不用去尽力捕捉

"最好的市场机会"。

**破产**：无法偿付债务的个人或公司可以申请的一种法律流程，通常由法院下达执行命令，以免去部分或全部债务。

**收益**：公司税后净收入（有时也叫"账本最后一行"）。

**手续费率**：基金资产中用来支付操作费用的百分比，包括经营费用、管理费用和广告开支等。

**税**：政府（地方政府、州政府或联邦政府）向个人或公司征收的费用，用来支付政府活动的开支。

**投资**：带着升值的预期把钱放到某个项目中去。

**投资回报率**：投资效率的衡量指标，通过比较利润与投资成本得出。

**投资收益**：投资一段时间后带来的收益。

**信用社**：为特定人群开设的银行，例如老师或军人。

**营业收入**：企业通过销售产品和服务得到的收入。

**证券经纪公司**：允许人们买卖股票、债券、共同基金和交易所交易基金等金融产品的一种机构。

**指数基金**：共同基金或交易所交易基金的一种，会买进特定指数下的所有股票，例如标普500中的所有500只股票，或道琼斯工业平均指数关注的全部30只股票。

**资产**：能够用来积累财富、偿付债务的有价值的东西（例如现金、股票和财产）。

**资产配置**：一种投资策略，通过将投资者的资产（或投资）分割为不同类型的投资（如股票和债券）来平衡风险与回报。

## 关于作者

迪林·雷德林和艾莉森·汤姆是夫妇俩,生活在加州奥克兰,于2015年(夫妇俩分别是44岁、43岁)提前退休。退休前,迪林是在线营销专家,而艾莉森是技术项目经理。现在他们经营着网站RetireBy45.com,来帮助人们提前退休。

出版有《开始你的F.I.R.E.计划:提早退休现代指南》,提供实现提早退休计划的灵感和技巧,培养关于理财和投资的丰富技能,被《福布斯》《美国消费者新闻与商业频道》等财经媒体竞相报道。